Donne nella scienza
Testi: Simona Cerrato e Margherita Hack
Illustrazioni: Grazia Nidasio
Progetto grafico: Alessandra Zorzetti

www.editorialescienza.it
www.giunti.it



via Bolognese, 165 – 50139 Firenze – Italia
via C. Beccaria, 6 – 34133 Trieste – Italia

Prima edizione: giugno 2006
Quinta ristampa: febbraio 2024

FSC www.fsc.org
MISTO
Carta | A sostegno della gestione forestale responsabile
FSC® C016973

Stampato in Cina

S. Cerrato - M. Hack

# L'UNIVERSO DI MARGHERITA

## Margherita Hack si racconta

Illustrato da
Grazia Nidasio

editoriale
SCIENZA

## *Capitolo 1*

# MARGHERITA

Margherita. È un fiore semplice e bello, un fiore comune, anzi "popolare", che riempie i campi a giugno, proprio il mese del mio compleanno. Ed è il nome che hanno scelto per me i miei genitori. Erano in sintonia con la natura e vedevano in tutti gli esseri viventi qualcosa di prezioso, da amare e rispettare. Mi hanno insegnato l'amore per la libertà e la giustizia. Margherita, un nome che è quasi un simbolo del loro modo di vedere la vita.

Ero figlia unica e spesso sentivo la mancanza di altri bambini con cui giocare. Ma i miei, soprattutto il babbo, giocavano con me. Lui mi insegnò fin da piccola a giocare a palla, ad arrampicarmi sulle grosse canne di bambù, a fare amicizia con tutti i cani e i gatti che trovavamo per strada. La mamma pure giocava con me, anche se aveva meno tempo. Infatti fu lei a sostenere la famiglia, dopo che il babbo fu licenziato perché non iscritto al partito fascista. Andavano molto d'accordo fra loro e quando litigavano era sempre per qualche motivo quasi infantile.

Quando decidevano di uscire era un avvenimento: la mattina presto, si faceva colazione sull'erba al viale dei Colli o in un giardino pubblico chiamato il Bobolino. Preparavano i thermos col caffelatte, il pane imburrato, la marmellata e il miele e si partiva da casa come per un'avventura, anche se la nostra meta era a soli quindici minuti di strada, naturalmente a piedi, dalla vecchia casa di via Ximenes, vicino al Poggio Imperiale.

Dai miei genitori ho ricevuto un'educazione molto anticonvenzionale. Ho ereditato, in modo del tutto naturale, la tolleranza per ogni diversità di religione, razza, sesso, stile di vita. Non soddisfatti delle loro religioni – cattolica la mamma e protestante il babbo – avevano aderito con entusiasmo alla teosofia, una filosofia indiana che predica il rispetto di tutti gli esseri viventi e io così sin da piccola sono stata vegetariana: non ho mai mangiato carne in vita mia, e la carne, in effetti, mi ripugna.

Questo rispetto e questa tolleranza sono alla base delle mie convinzioni etiche, anche se della teosofia non ho mai accettato le credenze sulla reincarnazione, e anzi consideravo i teosofi un po' matti. Tolleranza e libertà ancora più sorprendenti, se penso che sono nata nel 1922, proprio l'anno in cui Mussolini e il fascismo presero il potere in Italia, iniziando un ventennio di dittatura che si concluse solo con la guerra mondiale.

Sono passati più di ottant'anni da quando sono nata a Firenze, in una casa poco lontana da Campo di Marte, che allora era un enorme prato che serviva da aeroporto per i piccoli aerei con le ali di tela, pilotati dal mitico Vasco Magrini.

Ottant'anni: sembra ieri e mille anni fa!

Sembra ieri perché mi ricordo di quella bambina che giocava con il cerchio nel grande prato, e del piglio allegro e risoluto con cui affrontava le cose e le persone nuove, lo stesso che mi sento dentro adesso. Non mi sono mai fatta intimidire, anche se da giovane ero chiusa e introversa. Ho sempre avuto difficoltà a comunicare col prossimo, ma il mio carattere competitivo mi ha aiutato più di una volta nella vita a vincere importanti gare di atletica e a diventare una scienziata di successo internazionale.

Ricordo le strade di Firenze percorse da pedoni e biciclette, le strade di campagna polverose e piene di buche, su cui passavano grandi cavalli da tiro agganciati a carri sferraglianti, i tram gialli e rossi della mia infanzia. Poi

un'ordinanza dall'alto li volle tutti di un verde pallido, quasi grigiastro, uguali in tutta Italia, un colore che è sopravvissuto fino a pochi decenni fa. La notte le strade erano scarsamente illuminate e le auto di tutta la città si contavano sulle dita di una mano.

Ma ottant'anni sembrano anche mille, se penso a come è cambiato il mondo, la mia città, l'Italia, la scienza, e in particolare l'astrofisica: quello che oggi si sa di stelle, galassie, Universo… praticamente tutto lo si è scoperto nel corso della mia vita. All'inizio degli anni Venti del secolo scorso, l'Universo conosciuto era tutto sommato piccolo e tranquillo. Non si sapeva che esistono miliardi di galassie e che ogni galassia è formata da centinaia o migliaia di miliardi di stelle, che molte di queste stelle sono anche cento volte più grandi del nostro Sole e hanno una vita movimentata e burrascosa. Non si sapeva che esistono fenomeni come i buchi neri, le esplosioni di raggi gamma, le quasar, che producono quantità di energia inimmaginabili a volte in un lampo brevissimo, che ci sono molti altri sistemi solari simili al nostro e che quindi la vita può essere un fenomeno relativamente comune; non si sapeva che l'Universo ha avuto origine dal Big Bang, un'esplosione primordiale, di cui ancora oggi si sente l'eco nello spazio. È come se si fossero via via aperte tante finestre, che ci hanno permesso finalmente di vedere il mondo esterno.

Ho vissuto vent'anni di fascismo, ho visto i miei compagni e professori ebrei cacciati da scuola da un giorno

all'altro, in conseguenza delle infami leggi razziali che Mussolini promulgò, scimmiottando Hitler. Un fatto che mi ferì profondamente per la sua vergognosa ingiustizia e mi fece capire cos'era una dittatura. Ho visto una guerra mondiale, ho partecipato alla ricostruzione dell'Italia, al passaggio dalla monarchia alla repubblica e alla nascita della democrazia. Ho condiviso con molti la speranza, poi delusa, di vedere realizzati gli ideali di uguaglianza e giustizia nei paesi socialisti e comunisti. Ho imparato a fare politica scientifica nella direzione e nel coordinamento di organismi di ricerca italiani e stranieri e, come cittadina, nelle istituzioni pubbliche.

Ho assistito all'ingresso della tecnologia nella nostra vita: automobile, aeroplano, telefono, televisione. E ai progressi della medicina: gli antibiotici, solo per fare un esempio, sono diventati di uso comune solo dopo la seconda guerra mondiale. Prima si moriva per malattie che oggi sono uno scherzetto che passa in pochi giorni. Per non parlare dei computer e dell'elettronica, di Internet e dei cellulari.

La società di oggi e in particolare i giovani sono molto più liberi da ipocrisie e condizionamenti sociali e religiosi; i rapporti fra genitori e figli sono molto più simili a rapporti fra compagni (e in questo la mia famiglia era avanti di un secolo), le differenze fra classi sociali sono molto meno visibili, l'istruzione pubblica è molto più diffusa. Enormi conquiste, di cui non ci rendiamo abbastanza conto, sono l'obbligo scolastico per tutti e la

liberalizzazione dell'accesso all'università da qualsiasi scuola superiore, le cure mediche e ospedaliere garantite, il non conformismo e la comodità del vestire. Una volta le signore della media e piccola borghesia, per esempio, non sarebbero mai uscite di casa senza il cappello, che le distingueva dalle operaie. La società non si preoccupa più dello stato civile delle coppie di fatto o regolarmente sposate, come avveniva sessant'anni fa, e anche verso gli omosessuali la popolazione è molto più tollerante e aperta di quanto siano molti governanti.

Stupisce, quasi, come una persona possa adattarsi e apprezzare così tanti cambiamenti. Certo non sono una che rimpiange il passato, o che si lamenta dei giovani d'oggi con un'espressione di disappunto sul viso! A me piace cambiare e mi piacciono i giovani.

Anzi, non mi pesano i miei ottanta e più anni e mi sento ancora oggi com'ero a venti, con la stessa voglia di vivere, di godermi una bella giornata di sole, una tempesta di lampi e tuoni, con la stessa voglia di correre in mezzo al verde o di macinare chilometri in bicicletta.

Capitolo 2

# LE MIE CASE

Mi vedo ancora nella casa dove sono nata, a Firenze, vicino al Campo di Marte, un appartamento grande e moderno, al primo piano di un palazzo a tre piani. La mamma e io aspettavamo insieme che il babbo ritornasse a casa. Lei suonava il piano, io mi accoccolavo sul tappeto e l'ascoltavo. Mi veniva sonno.

– Margherita… ti sei addormentata? Sei stanca? – mi chiedeva la mamma, e mi svegliava con una carezza.

– Mmm… Mi viene sempre sonno quando suoni il piano…

Ancora adesso mi capita la stessa cosa!

Ricordo un salotto sempre chiuso e buio, con un grande

tappeto a strisce verdi e grigie. Il salottino con il piano, una lunga terrazza stretta dalla quale vedevo altri bambini su altre terrazze simili oltre il cortile. La camera col lettone e il mio lettino, e la parete a fianco tappezzata con dei leoni gialli su sfondo rosso.

La mamma, che aveva il diploma di maestra e quello dell'Accademia di Belle Arti, aveva lasciato l'impiego al telegrafo quando ero nata io, e si divertiva a strimpellare il piano, sebbene non avesse alcun orecchio musicale, come me del resto. Ma diceva che era una ginnastica utile per le sue mani, sofferenti per un principio di artrite.

Il babbo aveva il diploma di contabile, ma si era fatto da solo una buona cultura, soprattutto scientifica. In particolare gli interessava l'astronomia e aveva letto i libri di un famoso astronomo e divulgatore francese, Camille Flammarion, libri che ho ancora nella nostra biblioteca. Aveva un buon impiego come contabile presso la Fondiaria, la società che forniva energia elettrica a tutta la Toscana.

Un giorno, avrò avuto quattro o cinque anni, tornò a casa e disse:

– Mi hanno licenziato…

La mamma lo guardò preoccupata: – E per quale motivo?

– Per motivi di salute. Questa, almeno, è la versione ufficiale… la mia pleurite, che forse era tubercolosi… dicono che non possono rischiare un contagio…

A quei tempi la tubercolosi era una malattia gravissima.

– Ma è chiaro che il motivo vero è la politica.

– Se non sei nemmeno sindacalista, tu!

– Ma non sono iscritto al partito fascista, e sai benissimo che questo non è più gradito al regime… non siamo più in un paese libero! E poi se c'è da prendere posizione non mi tiro mai indietro, e sto sempre dalla parte degli operai…

Sebbene fossi piccina, mi resi conto del cambiamento che questo produsse sulle nostre vite. Ci trasferimmo in un'altra casa: una vecchia casa con soffitti altissimi che la mamma aveva ereditato, alla periferia sud della città, quasi in campagna, senza riscaldamento, illuminata da fioche lampadine. Prima, essendo il babbo dipendente della Fondiaria, probabilmente pagavamo poco o niente l'energia elettrica e ci permettevamo il lusso di lampadine da cento watt in tutte le stanze. In compenso avevamo un grande giardino con un pozzo per l'acqua.

Il babbo non ebbe mai più un impiego fisso, e da quel momento fu la mamma a farsi carico della famiglia, sfruttando il suo diploma dell'Accademia di Belle Arti, copiando i quadri degli Uffizi, facendo miniature che vendeva ai pochi ma danarosi turisti, soprattutto stranieri.

A Firenze cambiai poi ancora casa. Quando avevo nove anni ci trasferimmo di nuovo in un appartamento al primo piano di una casetta, di cui non ricordo quasi

niente: credo che il babbo l'avesse comprata con la sua liquidazione, ancora una volta non lontano da Campo di Marte. Non ci rimanemmo a lungo, solo poco più di un anno. Poi affittammo l'appartamento a due simpatiche russe, mamma e figlia, e tornammo nella nostra vecchia casa in periferia.

In questa casa, situata in via Leonardo Ximenes, astronomo, e a poche centinaia di metri dal colle di Arcetri, dove sorge l'Osservatorio Astrofisico, vissi fino a trentadue anni, fino a che non lasciai Firenze per trasferirmi a Merate, in Brianza, dove ha sede la succursale osservativa dell'Osservatorio di Brera.

In questa casa vissero i miei genitori fino alla fine della loro vita. Della mia infanzia in via Ximenes è rimasto un abete che svetta ben oltre il tetto. Lo comprarono il babbo e la mamma per il primo Natale nella casa, quando era un alberello piccolo, e dunque ha più o meno la mia età. Una quindicina di anni dopo era cresciuto troppo per tenerlo ancora in vaso, e anch'io ero cresciuta troppo per credere ancora che i regali sotto l'albero me li portasse Gesù bambino. Così fu piantato nel giardinetto davanti alla casa, lì è cresciuto e lì mi sopravviverà, perché è protetto da una legge comunale: ormai fa parte del paesaggio e gli attuali proprietari hanno il divieto di tagliarlo (come avrebbero voluto, perché gli aghi tendono a intasare le grondaie).

In tutta la mia vita mi sono spostata molte volte, di casa, città, paese, anche se per periodi relativamente

brevi, legati alle necessità di lavoro. Nei venti anni in cui diressi l'Osservatorio Astronomico triestino, ebbi diritto all'alloggio di servizio, situato in un quartiere di Trieste, vicino a San Giusto; poi vista la necessità di trasformare tutti gli alloggi di servizio in uffici, vendemmo la vecchia casa di Firenze e comprammo la nostra casa triestina, una casa con il giardino, a Roiano, il quartiere dei ferrovieri non lontano dalla stazione dei treni. Una casa abbastanza grande da contenere tutte le decine di migliaia di libri di Aldo, il mio compagno di vita, e ospitare gatti, cani e altri animali. Traslocare in questa casa è stata una fatica improba: centinaia di scatoloni di libri, su e giù per le scale… non so quanti giri facemmo con la macchina per portarli tutti! E ci mettemmo poi più di quattro mesi per sistemarli nelle nuove librerie.

– Non traslocheremo mai più in vita nostra – fu la promessa che Aldo ed io ci scambiammo alla fine dell'impresa.

Capitolo 3

# LIBRI, SCUOLA E IL PRIMO AMORE

Vivo letteralmente immersa nei libri. A casa nostra ci sono libri dappertutto: non solo nelle ampie librerie, alte fino al soffitto, che ricoprono le pareti di tutta la casa, ma ce ne sono anche su tavoli e tavolini, poltrone e divani, in cucina e in bagno... Tutti catalogati da Aldo, che sa sempre dove trovare il libro giusto, la citazione, l'informazione...

Fu nella vecchia casa di Firenze che mi avvicinai per la prima volta ai libri. Avrò avuto cinque anni. Aprii un grande libro, preso dalla biblioteca dei miei genitori, che mi attirava forse proprio perché era così grande che quasi non riuscivo a tenerlo in mano. Era la *Divina Commedia*, un'edizione illustrata, e mi piacevano in particolare le figure dei diavoli. Ma, anche se i diavoli esercitavano su di me molto fascino, non era certo un libro che una bambina di quell'età potesse apprezzare. Sicché lo abbandonai presto e presi *Pinocchio*, e con le sue avventure imparai a leggere da sola. Mi affascinavano le sue storie e le figure con il Gatto e la Volpe e i carabinieri. Povero Pinocchio! Mamma e papà mi avevano regalato dei cubi di legno per costruzioni, con una lettera maiuscola su ogni faccia. Credo che così imparai a riconoscere le lettere. Passavo abbastanza tempo a leggere, e prima di Pinocchio ricordo vagamente un libro di poche pagine scritte a grandi caratteri, che leggevo e rileggevo. Non so più di cosa trattasse, ma mi ricordo che lo avevo imparato tutto a memoria e lo ripetevo a voce alta, con grande spasso dei miei.

Gran parte del tempo lo passavo in giardino, giocando con Serena, una bambina del giardino accanto, di qualche anno più piccola di me. Mi ricordo anche di una mia malignità.

– Serena – le dissi una volta sottovoce – strappa i pomodori!

Lei eseguì, ma la sua mamma arrivò arrabbiata dicendo: – Ti ho sentito! Le hai detto tu di strapparli... vergogna! Tu sei più grande.

Il babbo, che essendo disoccupato aveva molto più tempo della mamma, mi portava regolarmente fuori mattina e sera, proprio come si fa col cane. Erano passeggiate di una mezz'oretta, in mezzo ai campi vicino a casa. Il babbo conosceva tutti i contadini della zona, che

lo lasciavano passeggiare attraverso i viottoli. Mi insegnava a prendere con un coltellino le piante di margheritine con tutte le radici e a piantarle poi in giardino. Altre passeggiate erano quelle al viale dei Colli, fino a Giramontino, un luogo in cui c'erano delle pareti formate da massi di pietra che si potevano scalare, e tanti sentieri nascosti fra gli alberi. Ma il maggior divertimento era andare al Bobolino, il giardino pubblico che si affaccia su piazzale Galileo, dove ogni tanto trovavo qualche altro bambino con cui giocare.

Visto che avevo imparato da sola a leggere e a scrivere, la mamma e il babbo avrebbero voluto che cominciassi la scuola già nell'ottobre del 1927, ma non potevo perché non avevo ancora sei anni. Su consiglio di un'amica d'infanzia della mamma, maestra elementare, mi preparai a casa e l'anno dopo mi iscrissi direttamente in seconda nella scuola di San Gaggio, in cima a via Senese. Mi accompagnava e mi veniva a prendere sempre il babbo. In una mano tenevo la cartella di fibra, e nell'altra il paniere con il cibo, dove in piccoli tegamini di alluminio c'erano l'insalata, la pastasciutta o il risotto, un uovo sodo, una pera o una mela. Dopo mangiato andavamo a giocare nelle ampie terrazze coperte della scuola. Di solito si faceva il girotondo:

*Al mio bel castello tarutino e tarutello*
*Al mio bel castello tarutino e tarutà!*

In quei primi anni ero abbastanza sola, non avevo amici e nemmeno compagni di scuola, anche perché feci la scuola elementare quasi tutta da privatista. Era l'inverno del 1929, uno dei più freddi che si ricordino – Firenze era ricoperta di neve e la temperatura scese sotto zero – e a forza di giocare a palle di neve mi presi una bruttissima bronchite e rimasi a casa molte settimane. Alla fine, per non perdere l'anno, mi preparai a casa e feci l'esame per entrare direttamente in terza. E visto che ero ancora cagionevole di salute, i miei genitori preferirono tenermi a casa ancora un anno.

Così mi toccò ancora un esame da privatista per essere ammessa alla quarta, che frequentai in una scuola privata di suore! Non certo per volere dei miei, ma per l'insistenza della contessa Gamberini Cavallini, la presidente della Società Teosofica per cui il babbo lavorava. Io che ero abituata a essere libera e scavezzacollo, mi sentii come un pesce fuor d'acqua tra tutte quelle regole, quelle preghiere e quei compagni di "famiglie bene" e con la puzza sotto il naso. Di quella scuola ricordo solo che per andare in classe ci dovevamo mettere in fila per due nella sala d'ingresso e poi marciare fino all'aula che era in fondo a un grande giardino. Chi arrivava prima si metteva in prima fila a destra, la seconda in prima fila a sinistra e così via. Sembrava questione di grande prestigio arrivare a occupare il primo posto e anch'io ci tenevo moltissimo. Ma mi riuscì solo una volta in tutto l'anno.

Per fortuna in quinta tornai alla scuola di San Gaggio, con una simpatica maestra, un donnone gioviale ed energico, di nome Borromeo, che sapeva interessare i suoi allievi con fatti e storie che non stavano nei libri di testo: *Il balilla Vittorio*, il sussidiario di storia, geografia, scienze e aritmetica, e *Il libro di lettura del balilla Vittorio*, gli unici ammessi in tutte le scuole dell'Italia fascista. Un compito che mi piaceva molto consisteva nel ricalcare da una carta geografica le varie regioni italiane, scriverci i nomi delle principali città, colorarle tutte con colori diversi l'una dall'altra e poi incollarle insieme a riformare la carta d'Italia.

Dopo l'esame di licenza elementare – il primo esame impegnativo della mia vita – mi iscrissi al ginnasio, il Galileo Galilei, forse il più antico di Firenze, vicino al Duomo. Le lezioni di francese lasciavano sconcertata la mamma, che il francese lo sapeva abbastanza bene: – Je m'en foute, tu t'en foutes… (io me ne frego, tu te ne freghi...). Era così che il professore di francese, un grassone ridanciano, ci insegnava i verbi. Forse un metodo efficace, visto che me ne ricordo ancora adesso!

La matematica, una materia che mi piaceva, purtroppo era insegnata da un tipo insopportabile, bisbetico e sospettoso, sempre a pensare che lo volessimo fregare. E per prenderlo un po' in giro, un giorno feci finta di leggere qualcosa sotto il banco. Ostentatamente tenevo gli occhi bassi come se stessi guardando qualcosa di nascosto. Si avvicinò e, anche se era evidente che non c'era

nulla, non poteva ammettere di avere torto. Frugò nella mia cartella finché non trovò il giornale con il resoconto della partita della Fiorentina.

– Hack! – mi squadrò con i suoi occhietti porcini e un po' sadici – mi dia subito quel giornale.

Me lo sequestrò, scrivendo poi qualcosa di misterioso sul registro... Questo scherzetto mi costò caro: venni rimandata a ottobre in matematica.

A parte questo, dei primi tre anni di ginnasio, che corrispondono all'attuale scuola media, ricordo la noia dell'analisi logica, il latino che non mi appassionava, le avventure di Ulisse e la scarlattina che in seconda mi tenne a casa per più di un mese. Al mio ritorno in classe venni accolta da saluti tipo: "Ceralac" oppure "hic, huc, hac". In classe eravamo una trentina, per due terzi maschi e un terzo femmine. Allora la maggioranza delle ragazze andava alle magistrali, dove le percentuali tra maschi e femmine erano invertite.

A scuola andavo bene, senza troppa fatica e senza troppa gloria. Non appena avevo del tempo libero cercavo di passarlo all'aperto. Anche adesso è così: preferisco stare nella natura piuttosto che chiusa in una biblioteca o in un museo. Appena finiva la scuola, mi precipitavo al Bobolino, il giardino pubblico non lontano da casa diviso in tre parti. La parte più alta, dove mi portava il babbo quando ero più piccola, è troppo scoscesa e non è adatta per giocare a palla o a correre, mentre la parte bassa è tutta panchine e aiuole fiorite.

Il Bobolino di mezzo, invece, ha grandi prati alberati, ed era per me il posto più bello del mondo. Il babbo mi accompagnava, si sedeva per terra, con le spalle appoggiate a un albero e mi lasciava libera, mentre lui leggeva i suoi libri di teosofia. Correvo, mi arrampicavo sugli alberi come una scimmia, a volte mi facevo male... ma lui non si preoccupava.

– Non è nulla! – risposi a una mamma che guardava con apprensione un taglio profondo che mi ero fatta con il filo spinato.

– Non lavarti con l'acqua infetta... e va a disinfettarti, mi raccomando! – disse lanciando uno sguardo di rimprovero al mio babbo che imperturbabile continuava a leggere e non si era nemmeno accorto del piccolo incidente.

Ma io ero già corsa via ad arrampicarmi su un altro albero.

Quasi sempre ero sola, non avevo con chi giocare, e spesso mi annoiavo. Raramente avevo il coraggio di chiedere ad altri gruppi di ragazzi di far giocare anche me. Spesso alla mia richiesta seguiva un umiliante rifiuto. Avevo la palla, ma giocare da soli non era un gran divertimento, anche se il babbo spesso giocava a lungo con me.

Un certo giorno arrivò un gruppetto di tre ragazzi e una bambina che non conoscevo. Una possibile compagnia. Non osavo farmi avanti io, per paura di sentirmi respingere come spesso mi capitava.

Ma, per fortuna, fu proprio il più grande dei tre che si avvicinò: – Vuoi giocare con noi? – mi chiese, forse attirato dalla palla che io avevo e loro no.

Era Aldo, aveva tredici anni, due più di me. Quell'estate giocammo sempre insieme, e nacque una grande amicizia, con un pizzico di cavalleria da parte sua.

– Libero me e Margherita! – gridava quando giocavamo a nascondino invece del classico "Libero tutti!". E io mi sentivo onorata. Era il 1933. Oggi, dopo più di settant'anni, Aldo e io siamo ancora insieme.

Dopo quell'estate, non ci vedemmo più per un lungo periodo. Il suo babbo era stato trasferito all'Aquila e poi a Palermo, come seppi dalla Betti, la bambina del gruppo. Quando ci rivedemmo, nel 1943, all'inizio non lo riconobbi nemmeno, e per molti giorni mi sembrò tutto diverso da come lo ricordavo. Ma un pomeriggio in cui mi aspettava al piazzale Michelangelo, seduto su una panchina, improvvisamente vidi in lui il bambino di dieci anni prima.

Capitolo 4

# SPORT E ANTIFASCISMO

Era aprile o maggio del 1938. Finita la lezione, la professoressa di ginnastica mi chiamò:

– Hack, manca qualcuno per il lancio del peso ai Giochi della Gioventù a Roma. Vuoi andarci?

Mi avrebbe dovuto dare del "voi" durante il fascismo, ma pochi lo facevano. Mussolini aveva abolito il "lei" perché troppo "spagnolesco". Tant'è che noi, studenti del Galilei, ribattezzammo l'istituto e lo chiamammo Galivoi, ridendoci su come matti.

Io non avevo idea di come si lanciasse il peso. La professoressa, che era giovane e bella e quasi un'amica, mi mise in mano una sfera di metallo di circa due o tre chili, e mi diede delle istruzioni approssimative... Così, senza nessun allenamento, partii per Roma insieme alla squadra fiorentina. Si viaggiò tutta la notte, sdraiati alla meglio sui sedili di terza classe. Il Venturini, campione di salto con l'asta, non sapeva dove mettere la lunga canna di bambù (non quelle di oggi, che come una fionda ti proiettano in alto) e rischiava continuamente di infilzare qualcuno.

Ai Giochi feci una figura disastrosa, ma venni notata da Danilo Innocenti, ex campione italiano di salto con l'asta, che mi invitò ad andare ad allenarmi sotto la sua guida nel campo della società di atletica Giglio Rosso. Avevo sempre desiderato fare atletica e questa era la mia occasione. Accettai l'invito con entusiasmo e così, un po' per caso, cominciò la mia carriera sportiva. Gli allenamenti non avevano niente a che vedere con quelli scientifici di oggi, ma nel salto in alto e nel salto in lungo, le specialità che scelsi per iniziare, ottenni dei buoni risultati prima a livello regionale e poi nazionale.

Anche la bicicletta mi appassionava. Me l'avevano regalata i miei genitori dopo l'esame di ammissione alla prima liceo, nel 1937, e da allora era il mio mezzo di trasporto consueto. Avevo attaccato al manubrio una bandierina tricolore. Con Andrea, un amico e compagno di sport, compii la mia impresa ciclistica più dura. Cosa fare per Ferragosto, per rispettare la tradizione della gita fuori porta? Insieme decidemmo di andare a Viareggio in giornata.

– Sono circa cento chilometri all'andata e cento al ritorno... – feci un po' di conti. – Sì, credo che ce la possiamo fare.

Partimmo la mattina alle quattro, con le nostre bici pesanti e senza cambio. Arrivammo verso mezzogiorno, mangiammo qualcosa, facemmo il bagno e ripartimmo verso le cinque del pomeriggio. Arrivammo a casa verso le tre di notte – è proprio il caso di dire – "stanchi ma felici!".

L'atletica mi impegnava sempre più e, oltre al piacere di fare sport e di ottenere dei successi, era anche un'occasione per viaggiare per l'Italia, cosa piuttosto rara a quei tempi. Quasi nessuno poteva permettersi di andare in vacanza. Ogni vittoria sportiva veniva dedicata alla patria fascista, e quando salivo sul podio per prendere la medaglia mi toccava, come a tutti, fare il saluto romano: braccio destro alzato con la mano tesa. Un compromesso, di cui mi sono un po' pentita, che avevo deciso di accettare per amore dell'atletica. Non avrei saputo rinunciare a quella parte della mia vita. Ma era dura. A sedici anni, infatti, avevo capito che cosa fosse il fascismo. Furono le leggi razziali contro gli ebrei ad aprirmi gli occhi: si scontravano con quello che è il senso di giustizia e di rispetto della persona che sentivo e sento dentro di me.

Mi ricordo in particolare i campionati universitari, i cosiddetti Littoriali, del primo anno di università: l'e-

mozione e la felicità per il successo sportivo furono irrimediabilmente intaccate da un mio gesto. Quell'anno le gare si svolgevano proprio a Firenze e io ci tenevo particolarmente a fare bella figura. E nello stadio sotto la torre di Maratona ottenni un doppio successo: medaglia d'oro nel salto in alto e nel salto in lungo! La notte, nella pensione sul lungarno dove era alloggiata tutta la squadra in ritiro collegiale, non chiusi quasi occhio per i festeggiamenti dei compagni e degli amici e, naturalmente, per l'emozione. Il giorno dopo, però, come fiorentina e vincitrice di due gare venni prescelta per salire sul podio e pronunciare il giuramento fascista. Avrei dovuto rinunciare all'onore della vittoria piuttosto che spergiurare la mia fede alla "patria fascista", come invece feci. Mi vergogno ancora adesso.

Se sono diventata antifascista a sedici anni, lo devo ai miei compagni ebrei, ai miei professori ebrei e in particolare alla mia professoressa di scienze. Si chiamava Enrica Calabrese, era magra e molto introversa. Faceva seriamente le sue lezioni, ma non riusciva ad avere un dialogo con gli studenti. A un certo punto, a metà anno, scomparve e venne sostituita da un'altra insegnante, allegra e grassoccia.

– Perché se n'è andata? – ci domandammo. – Non se n'è andata – qualcuno ci raccontò. – L'hanno cacciata. È ebrea…

Non mi ero mai accorta che ci fossero dei sentimenti

antisemiti in Italia. Ma le leggi razziali, istituite imitando Hitler, stabilirono che gli ebrei erano un pericolo per la "pura razza ariana" e che non potevano più mischiarsi a noi, né avere impieghi pubblici. Infine gli ebrei furono privati dei diritti civili e delle loro attività commerciali. Non immaginavamo a quale mostruoso futuro andassero incontro, ma sapevamo vagamente che alcuni di loro venivano deportati in Germania nei campi di lavoro. Qualche tempo dopo la sua cacciata da scuola, incontrai la professoressa Calabrese nei dintorni di piazza della Signoria. Non era più la stessa persona. Strisciava contro i muri come un animale braccato. La guardai, la salutai, avrei voluto parlarle ma non mi avvicinai. La abbandonai al suo destino di solitudine e isolamento, anche se avrei voluto, dentro di me, esprimerle la mia solidarietà. Perché non lo feci? Perché non ebbi il coraggio di dirle una parola? Credo per timidezza: lei era sempre la professoressa, riservata e lontana.

Due studiose di scienze naturali dell'Università di Firenze mi dissero in seguito che era una brava scienziata, che dopo la sua espulsione dalle scuole pubbliche aveva insegnato al liceo ebraico fino a quando, in una notte del 1943, la polizia l'aveva arrestata, colpevole di essere ebrea. Imprigionata a Santa Verdiana, il carcere femminile di Firenze, si suicidò una ventina di giorni dopo, ingerendo del veleno.

L'occasione per dimostrare pubblicamente i miei sentimenti non si fece attendere a lungo. Un giorno, alla fine di maggio del 1940, a scuola sentii le mie compagne fasciste lodare le imprese di Mussolini e il sodalizio con la Germania nazista. Questa volta non mi lasciai intimidire.

– La persecuzione degli ebrei è una cosa mostruosa! – dissi loro quasi gridando. – La guerra e l'occupazione di paesi come l'Olanda e il Belgio sono intollerabili... questo mito della razza superiore, ridicolo! Ci trascineranno in un baratro di inciviltà senza fondo...

Ero talmente arrabbiata che avrei voluto picchiarle quando mi risposero dandomi della traditrice della patria. Al culmine del litigio arrivò il professor Mancinelli, fascista sfegatato, che ci portò tutte in presidenza. La "giusta" punizione, secondo le leggi fasciste, sarebbe stata l'espulsione da tutte le scuole del Regno. Per fortuna Mancinelli era l'unico che la pensava così tra tutti i professori del liceo che, sotto sotto, compreso il preside, erano antifascisti. Quindi me la cavai con una sospensione di venti giorni e il sette in condotta. Significava che sarei stata rimandata in tutte le materie a ottobre e che rischiavo di non superare il terribile esame di maturità. Era un rischio che fui contenta di correre, perché avevo detto quello che pensavo. Ma il 10 giugno del 1940 l'Italia fascista entrò in guerra a fianco dell'alleato nazista. Nella disgrazia fui fortunata. Gli esami di maturità furono soppressi. Si veniva promossi o boc-

ciati con la media dell'anno. Venni quindi promossa con la media del sette, con otto in filosofia, che era la mia bestia nera, e sei in matematica e fisica, le mie materie preferite. Ma Mancinelli era il professore di matematica, mentre quello di filosofia era un ardente antifascista.

Ricordo bene quel 10 giugno 1940. Ero in piazza del Duomo con la mia bicicletta. Gli altoparlanti, allora diffusi in tutti i luoghi importanti delle città, cominciarono improvvisamente a trasmettere un comunicato del duce, che con la sua voce stentorea dava notizia dell'ingresso dell'Italia in guerra. In segno di protesta tolsi la bandierina tricolore dalla bicicletta. Non la rimisi mai più.

## Capitolo 5

# VERSO LE STELLE

– Mi iscrivo a fisica – mi annunciò la mia compagna Tina Schwaner – e tu?

Tina era una delle mie poche amiche. Eravamo compagne di scuola dalle elementari. Aveva una lunghissima treccia che toccava quasi terra e che io, fino alla quinta ginnasio, seduta nel banco dietro di lei, mi divertivo a tirare, a legare al banco o a inzuppare nel calamaio. Tutte cattiverie gratuite, che la facevano piangere. Poi al liceo, diventata grande, smisi e diventammo amiche.

– Penso che mi iscriverò a lettere... – risposi. In realtà non avevo la minima idea di cosa fossero le varie facoltà. Avevo sempre avuto una grande facilità a scrivere. Facevo i temi in mezz'ora mentre i miei compagni impiegavano tutte le due ore a disposizione. In prima e seconda ginnasio scrivevo le cronache delle partite della Fiorentina, dopo averle lette su *La Nazione*. Perciò i miei pensavano che forse avrei fatto la giornalista. Loro non avevano nessuna esperienza in fatto di università, ma fra i loro amici e conoscenti c'erano molti laureati in lettere.

Così, anche se la matematica e la fisica mi piacevano di più, un po' per inerzia, mi iscrissi a lettere.

La prima ora di università fu una delusione: il famoso professore Giuseppe De Robertis ci parlò per tutta la lezione del libro *Pesci rossi* di Emilio Cecchi. Una noia tremenda. Capii subito di avere sbagliato strada. Dopo un momento di panico, decisi di condividere la scelta della mia amica, e mi iscrissi a fisica anch'io, sebbene il corso costasse di più per via dei laboratori, e in famiglia i soldi certo non abbondavano. Ma anche i miei furono contenti che avessi deciso per ciò che più mi piaceva. Certo che la scelta di Tina fu importante per la mia decisione.

Si cominciò con le lezioni di analisi matematica, la base essenziale per tutti i corsi successivi, con uno dei maggiori matematici italiani dell'epoca, Giovanni Sansone. Ci trattava un po' come ragazzini delle medie. Eravamo un'ottantina di studenti: la maggioranza era iscritta al primo anno di ingegneria, mentre gli iscritti

a matematica e fisica erano una ventina. Tutti dovevano avere un posto a sedere.

– Non stia all'impiedi, là c'è un posto a sedere – diceva a chi arrivava in ritardo. E tutti dovevano seguire le lezioni.

– Signorina Asch, seguiti Lei – diceva all'improvviso chiedendomi di proseguire o ripetere una dimostrazione... Io che non sono mai stata capace di seguire una lezione né di prendere appunti, mi trovavo sempre impreparata, non riuscivo a sentire i suggerimenti dei compagni e facevo sempre una figura meschina.

All'inizio non pensavo di essere particolarmente brava né dotata. Poi, via via che mi addentrai nello studio delle materie, mi resi conto di andare meglio di tanti altri, di riuscire meglio negli esercizi che ci assegnava l'assistente.

Al terzo anno, rimanemmo sei o sette studenti in tutto. Questo ci permetteva di avere un rapporto molto più diretto con i professori e con le materie: fisica teorica, fisica superiore, astronomia, elettronica... che ci fecero conoscere gli sviluppi più recenti della scienza di allora.

Seguivo anche il corso di astronomia che si teneva all'Osservatorio Astrofisico di Arcetri, nello stesso parco in cui si trovava l'Istituto di Fisica. Le lezioni si tenevano in un'auletta a cui si accedeva da una porticina, in mezzo c'era un grande tavolo il cui piano era una lavagna. Davanti, su due file, si sistemavano una decina di studenti. Giorgio Abetti, famoso astrofisico,

esperto di Sole e direttore dell'Osservatorio, era il titolare della cattedra. Il suo assistente era Mario Gerolamo Fracastoro, discendente del famoso Fracastoro del 1500. Diventerà anche lui direttore di osservatorio, prima a Catania e poi a Torino.

Fu il mio primo incontro con l'astrofisica e l'astronomia, e in quel momento non mi passò nemmeno per l'anticamera del cervello che sarebbe diventata la mia vita per più di cinquant'anni. Nel mio caso non si può certo parlare di vocazione né di passione precoce per la ricerca scientifica. Ci sono finita più o meno per caso a fare il mestiere che ho fatto. Perché di mestiere si tratta. Certo, per fare lo scienziato ci vuole una buona preparazione e una grande dedizione, ma si tratta anche di fare ogni giorno il proprio lavoro con serietà e intelligenza. Come in qualunque altro mestiere. E di cose da scoprire, indagare, comprendere meglio… ce n'è un'infinità.

Le lezioni di Abetti e Fracastoro erano un compendio di tutto quello che si sapeva allora, delle stelle e dell'Universo. Quello che emergeva da queste lezioni era un Universo molto più povero di quello descritto nei manuali di astronomia odierni: più della metà del corso era dedicata al Sole e ai fenomeni più appariscenti, come le macchie, le protuberanze e i brillamenti; si parlava poi un po' delle stelle e della loro classificazione. Ben poco si sapeva però su come si formano e si evolvono.

La maggior parte delle ricerche era concentrata su argomenti di astronomia vera e propria, che riguardavano le posizioni e i movimenti delle stelle, e non si curavano della fisica, di come funzionano veramente le cose. Ma i decenni precedenti avevano posto le basi di nuovi emozionanti sviluppi.

Harlow Shapley aveva da poco scoperto che il Sistema Solare si trova in una posizione periferica di un braccio di una galassia a spirale. Erano passati pochi anni da quando Edwin Hubble aveva dimostrato che la nostra galassia, la Via Lattea, è solo una delle centinaia di migliaia di galassie, vere e proprie città di stelle, che popolano l'Universo. Soltanto due anni prima che cominciassi l'università, nel 1938, Hans Bethe aveva elaborato la sua teoria sulla fusione nucleare nelle stelle, fornendo la spiegazione a lungo cercata di come le stelle producano l'energia che poi irradiano sotto forma di luce, raggi ultravioletti e raggi infrarossi.

Di quegli anni sono anche le scoperte delle stelle nane bianche, delle supernove e l'ipotesi avanzata da Robert Oppenheimer dell'esistenza delle stelle di neutroni. Al 1932 risalgono la prima ricezione di onde radio dal centro della Via Lattea e la nascita della radioastronomia, che si svilupperà solo dopo la fine della guerra e permetterà l'identificazione della struttura del centro della Via Lattea e tante altre scoperte fondamentali. Ed è degli anni Venti la scoperta che tutte le galassie si allontanano una dall'altra, e che la velocità di allontanamento

cresce con la distanza: questo significa che l'Universo si espande. Erano pochissimi, a quell'epoca, gli scienziati che si occupavano di cosmologia, cioè di capire com'è nato l'Universo e come si è evoluto nelle sue primissime fasi, per dare origine a quello che oggi osserviamo.

Naturalmente tutte le ricerche si facevano con strumenti posizionati a terra – la costruzione del grande telescopio di Monte Palomar comincia proprio nel 1939 –, satelliti e sonde erano roba da fantascienza. E tutti i calcoli si facevano a mano o con le calcolatrici meccaniche: i computer non esistevano ancora.

Ora sembra impossibile...

Quando si trattò di preparare la tesi di laurea, io avrei voluto un argomento di elettronica, con esperimenti da svolgere in laboratorio. Il professore di elettronica era d'accordo, ma il direttore dell'Istituto decise invece di darmi una tesi di tipo compilativo: uno studio di elettrostatica di carattere storico, il che significava passare ore e ore a scartabellare volumi polverosi e ingialliti nascosti nei meandri più reconditi della biblioteca. Che noia! E che scoraggiamento! Dopo due o tre settimane decisi di cambiare tesi e lo comunicai al professore, che la prese piuttosto male. L'unica alternativa possibile, scartando la fisica matematica per la quale non ero portata, era proprio l'astronomia. Eccomi quindi di nuovo salire il colle di Arcetri, questa volta non per seguire le lezioni, ma per intraprendere il mio primo lavoro

di ricerca, sotto la guida di Fracastoro che si dichiarò subito disponibile. Anzi, felicissimo, e il perché lo capii dopo: fui la sua prima laureanda!

Fu così che si aprirono le porte verso la mia professione futura, senza che me ne rendessi pienamente conto.

La tesi riguardava una classe di stelle variabili chiamate *cefeidi*. Dovevo ottenere un certo numero di spettri. Uno spettro ci informa sulla quantità di luce emessa da una stella su diverse lunghezze d'onda, dal rosso al violetto. Dopo aver valutato le variazioni di luminosità e temperatura, dovevo trovare e identificare le eventuali relazioni tra questi parametri. La mia stella era FF Aquilae.

Fu eccitante partire con il vero e proprio lavoro sperimentale: capire come funzionava il piccolo telescopio sistemato in una cupola, imparare ad allineare il cannocchiale guida al telescopio, sviluppare le lastre dove si formavano le immagini, cioè gli spettri delle stelle. Non ho mai dimenticato l'avvertimento di Fracastoro di accertarci, quando s'andava in camera oscura, di avere la soluzione di fissaggio: altrimenti la lastra diventava tutta nera e una notte di lavoro andava completamente in fumo!

– Andare in camera oscura e non avere il fissaggio è come andare al cesso e poi accorgersi che non c'è più carta.

Il periodo della tesi coincise con gli ultimi mesi della seconda guerra mondiale. La sera del 7 agosto 1944 i tedeschi si ritirarono da Firenze. Distrussero tutti i ponti sull'Arno, a eccezione del Ponte Vecchio. La mattina dopo, centinaia di persone scesero in strada ad acclamare gli alleati che entrarono nella parte sud, l'Oltrarno. Lunghe colonne di camion sfilarono nelle strade distrutte. Ci vollero altre due settimane perché riuscissero a passare l'Arno e a liberare anche il centro e la periferia nord. Io camminavo – i piedi erano rimasti l'unico mezzo di trasporto – in una Firenze irriconoscibile: deserto e macerie ovunque, niente acqua né luce né gas.

Il lavoro di tesi rimase indietro. Un po' perché il telescopio non era in funzione, un po' perché le necessità quotidiane – procurarsi l'acqua, la legna per il fuoco – portavano via tempo ed energie. Per fortuna abitavo nella nostra vecchia casa, con il fornello a legna sotto quello a gas e il pozzo in giardino, così non dovevamo fare la fila alle fontanelle pubbliche.

Andavo tutti i giorni a piedi all'Osservatorio per fare i conti con una vecchia calcolatrice meccanica, e la sera scrivevo i risultati e le riflessioni, che avrebbero costituito la parte originale della tesi, al lume di una lampada a petrolio che la mamma aveva costruito basandosi sui ricordi della sua infanzia.

Nel gennaio del 1945 l'università riaprì i battenti e riuscii finalmente a laurearmi.

Qualche anno dopo – avevo vinto il concorso per assi-

stente di ruolo alla cattedra di astronomia – un collega mi chiese:

– Brava! E dopo che cosa farai?

– Seguiterò le mie ricerche, cercherò di vincere una cattedra e diventare direttore di un osservatorio…

– Figurati… una donna!

Capitolo 6

# ALDO E GLI ANIMALI

Ci ritrovammo sposati, Aldo e io, senza quasi accorgercene. Una conseguenza naturale del nostro sodalizio. Ci univano affetto, stima, interessi intellettuali e culturali e qualche sana litigata, soprattutto di carattere politico. I nostri due caratteri, un po' agguerriti e non certo inclini ai compromessi, ci portavano a litigi furibondi, che però non lasciavano rancore. A volte le nostre discussioni finivano anche a cazzotti. Poi, alla fine si faceva sempre la pace. Adesso, che andiamo molto più d'accordo di allora, mi fa quasi ridere pensare a quelle discussioni. Sono state un bene, però: ci siamo sempre detti tutto, non abbiamo mai nascosto all'altro il proprio pensiero – tenersi dentro le cose non è sano e può far nascere risentimenti e rancori – e con la conoscenza reciproca abbiamo cercato di accogliere le differenze.

Era il 19 febbraio 1944, una bella giornata di sole. Ci incamminammo insieme verso la chiesetta in via San Leonardo. Eravamo ancora in piena guerra, e per l'occasione i nostri genitori ci avevano fatto rivoltare due vecchi cappotti: blu quello di Aldo e d'un celeste cinerino il mio. Sotto le scarpe, perché non si consumassero, avevamo dei ferretti, come si usava allora, perché il cuoio era merce rara. I nostri passi risuonavano sulle pietre che lastricavano la piccola strada costeggiata di ulivi, che davano un'aria molto toscana al paesaggio. "Potrebbe essere un quadro", pensai tra me e me. La chiesa bizantina era bellissima. Sì, mi sposai in chiesa. Senza vestito bianco e senza cerimonia sfarzosa, naturalmente. Ma Aldo fu irremovibile. Per me, che sono atea convinta, fu un compromesso che feci fatica ad accettare.

Subito dopo la cerimonia, breve perché io non volevo né messe né comunioni (era già stato un grosso sacrificio andare in chiesa), andammo a festeggiare noi due soli, mangiando al ristorante di piazzale Michelangelo. Del pranzo ricordo solo gli spaghetti, naturalmente razionati a causa della guerra, con un cattivo sugo di pomodoro. Quello è stato anche il nostro viaggio di nozze.

Andammo ad abitare nella vecchia casa dei miei genitori, in via Ximenes, quella con il giardino e il pozzo

per l'acqua. L'Italia era ancora in guerra, purtroppo. Così, come per tutti, anche per noi c'erano pochi soldi, e la nostra vita era semplice. Ma dei soldi non mi è mai importato niente. Anche quando, avanzando nella carriera, sono diventata, non dico ricca, ma benestante, non mi sono mai concessa quello che normalmente si chiama "lusso". Oggetti preziosi, automobili, vestiti, trucchi e altre cose inutili sono per me del tutto privi di interesse. Li ritengo uno spreco. Guido una vecchia Fiat Tipo, i vestiti li scelgo in quanto comodi, non per la bellezza né per la firma, e la casa è arredata con mobili pratici e senza fronzoli. L'importante è che ci sia posto per i libri e per gli animali.

Le mie case sono sempre state piene di animali. Fin da piccola mi sono trovata in sintonia con tutte le bestie, soprattutto con i cani e i gatti che erano più facili da incontrare. Quando andavo a spasso con il babbo, facevamo amicizia con tutti i cani che incontravamo e da lui imparai come avvicinare anche quelli che sembravano un po' selvatici.

– Guarda quel cane... una bella bestiola, proviamo a fare amicizia – mi diceva il babbo.

– Mi pare un po' scontroso... ho paura ad avvicinarmi... magari mi morde.

– Stai sicura che lui ha più

paura di te! Se è così scontroso sarà perché avrà avuto delle brutte esperienze con qualche persona poco gentile. Bisogna convincerlo a fidarsi di noi, avvicinati piano piano, non fare movimenti bruschi e non far vedere che hai paura. Ora gli butto un pezzo di pane… vedrai che si avvicina.

Il babbo gli parlava dolcemente e a poco a poco il cane si lasciava rabbonire, capiva che non c'era nulla da temere. Scodinzolando si avvicinava timidamente, ci annusava e infine veniva a mangiare dalle nostre mani. Spesso questi amici di strada ci accompagnavano nelle nostre passeggiate.

Il primo animale con cui feci veramente amicizia fu Leo, un grosso pastore maremmano bianco, conosciuto durante una vacanza sulle Alpi Apuane. Ma non era mio, apparteneva a una famiglia di amici che ci aveva invitati. Quando ritornai a Firenze alla fine dell'estate, lo dovetti lasciare ai suoi prati dove ci eravamo tanto divertiti insieme.

Ciompa la incontrai al Poggio Imperiale, non lontano dal colle di Arcetri. Era una gattina soriana, piccola e spaurita, che divenne prima mamma e poi nonna di molti altri gatti. Uno dei nipoti, Cicino, anche lui soriano, fu uno dei miei più grandi amici e studiò con me dalla seconda ginnasio fino al terzo anno di università. Stava raggomitolato sulle mie ginocchia senza disturbare. Sparì nel 1943, in un giorno di febbraio, nel periodo degli amori. Passai ore e ore a cercarlo e a chia-

marlo. Inutilmente. Non so che fine abbia fatto, ma posso immaginarla: lui era bello grasso, c'era la guerra, e la gente aveva fame... Dovevo dare l'esame di meccanica razionale proprio nella sessione di febbraio. Fu il primo esame preparato senza la sua assistenza, e la sua mancanza si fece sentire.

Un vero amore a prima vista fu Checca, una gattina completamente nera che visse con Aldo e me per ben diciotto anni. Ero nel giardino dell'Osservatorio di Trieste, in via Besenghi, dove vivevano e vivono molti gatti, e sentii un miagolio provenire da una stradina laterale. Andai a vedere e lei mi corse incontro sicura e felice, come se fossi stata la sua mamma.

Si dice che gatti e cani non vanno d'accordo... io ho avuto un'esperienza diversa, di convivenza pacifica e addirittura di affetto. Dick, un bel cane lupo di razza, molto intelligente, visse con la Checca in grande armonia: mai una gelosia né un battibecco fino alla morte, che colse entrambi a pochi giorni l'uno dall'altra.

Incontrai Dick nel settembre del 1979. Aveva pochi mesi, era tutto sporco e legato con un filo elettrico che lo strozzava, il naso insanguinato, zoppicante, con la coda tra le gambe. Due ragazzi e una ragazza lo costringevano a mangiare un'orrenda sbobba. Mi fece pena, e chiesi spiegazione ai ragazzi.

– A lei che gliene frega, il cane è nostro.

– Ve lo compro. Quanto volete? – chiesi.

– Duecentomila lire – mi risposero con aria furbesca

pensando di fare un affare. Accettai e corsi a prendere i soldi. Portai il cucciolo a casa. Aldo telefonò alla polizia e denunciò quei ragazzi per maltrattamento di animali. Al processo furono condannati a pagare cinquecentomila lire.

Quei maltrattamenti gli lasciarono il segno: oltre a zoppicare, Dick era un cane triste e gli mancava quella gioia tipica dei cuccioli. Cominciò a cambiare quando, vedendoci giocare a frisbee in giardino, prese a saltare per afferrarlo al volo. Diventò bravissimo, anzi un fanatico. Pretendeva che giocassimo con lui cinque o sei volte al giorno: noi contavamo i lanci... a centocinquanta Dick sapeva che era l'ultimo. Ma spesso, non potendone più, lo ingannavamo lanciando il disco "solo" cinquanta volte, ma contando le ultime dieci 141, 142... 150. Morì a quattordici anni, nel dicembre 1992 e ci mancò molto: fu un triste Natale senza animali.

Da allora abbiamo sempre avuto un cane: prima Lara, una cagnona, un incrocio tra un Dobermann e un Rottweiler, poi Lilli, una bracchetta incontrata durante una gita con amici in Croazia. Era scheletrica e spaurita. Alla fine della giornata decidemmo che non potevamo abbandonarla al suo destino di fame e solitudine, e la prendemmo con noi. Alla frontiera, ritornando in Italia, non fecero nessun controllo, e così Lilli divenne italiana. E ora c'è Zacchi, un cagnetto molto aggressivo con gli altri cani, soprattutto maschi, e anche con le persone, ma che vive in compagnia dei gatti che popolano

il nostro giardino. Nessuno lo prende troppo sul serio, perché è un piccoletto, un volpino, ma lui non si fa intimidire nemmeno dai lupi: una volta mi beccai un morso proprio da un lupo di un nostro vicino contro il quale si era scagliato Zacchi – chissà poi per quale ragione! Quando il lupo perse la pazienza e si ribellò all'attacco di Zacchi, tentai di separare i due contendenti ed ebbi la peggio.

Capitolo 7

# IL PRIMO LAVORO

Arrivò finalmente il 25 aprile 1945. Un giorno che si festeggia ancora oggi, e a ragione: significa la fine della guerra e del fascismo, e l'inizio di un'epoca che, pur con tutti i suoi difetti, può dirsi democratica. Certo, l'Italia era mezza distrutta, ma si sentiva un'atmosfera nuova, come in quelle giornate di febbraio, alla fine dell'inverno, in cui l'aria ha un profumo diverso e il cielo cambia colore, e uno dice "è arrivata la primavera". Ma, così come l'inverno può riservare ancora brutte giornate di freddo, vento e neve, le notizie peggiori dovevano ancora arrivare. Dalla Germania giungevano sempre più numerose le testimonianze dell'atroce e sistematico processo di sterminio nazista di ebrei, zingari, persone con handicap e in genera-

CORRIERE
GRANDE GIORNATA
contro i nazifascisti
di Liberazione
«Arrendersi o perire!»
del C. L. N.

le di tutti coloro che non rientravano nei canoni della cosiddetta razza ariana: alti, forti, biondi, occhi azzurri. Canoni stabiliti da Hitler, un piccoletto grassoccio, con baffi e capelli neri, che non possedeva nulla dei requisiti della sua "razza superiore". Come qualcuno potesse credergli, per me rimane tuttora un mistero...

E come tanti "normali" cittadini tedeschi, rispettosi della legge e degli insegnamenti della loro chiesa, avessero potuto accettare che vicini di casa, compagni di scuola, colleghi di lavoro perdessero ogni diritto, fossero strappati dalle loro case, derubati di tutti i loro beni, stipati su vagoni piombati e deportati chissà dove, per la sola "colpa" di essere ebrei, anche questo mi resta incomprensibile. E quei giovani della mia età, che si arruolarono volontari nell'esercito repubblichino, quelle ragazze che si unirono a loro come ausiliarie per seguire un'ideologia razzista così macabra, così drammaticamente ingiusta, come potevano illudersi di farlo per amor di patria?

In agosto, poi, quando la guerra era ormai finita e anche il Giappone era sull'orlo della resa incondizionata, esplosero le due bombe atomiche su Hiroshima e Nagasaki sganciate dagli Stati Uniti sulla popolazione inerme: l'ultimo atto della seconda guerra mondiale e il primo della guerra fredda tra le due superpotenze, gli Stati Uniti d'America e l'Unione Sovietica. Un atto crudele in cui gli scienziati, per la prima volta nella storia della scienza, ebbero un ruolo fondamentale.

La bomba atomica, infatti, era il risultato di una colossale impresa, il progetto Manhattan, che impegnava la maggior parte degli scienziati più bravi del mondo. Invitato dai politici e guidato dai militari, questo gruppo di scienziati aveva accettato di dedicare le energie a un progetto bellico. Che cosa avrei fatto io al loro posto se mi avessero offerto di partecipare al progetto Manhattan? Forse avrei fatto come Robert Oppenheimer, direttore del progetto, che aveva notoriamente simpatie di sinistra. Si oppose infatti alla realizzazione della ancor più distruttiva bomba all'idrogeno, e durante il periodo del maccartismo, la caccia alle streghe in odore di sinistra, fu estromesso da tutti i progetti segreti. Chi lo conosceva bene racconta che è stato tormentato fino alla fine della sua vita per aver dato un contributo fondamentale alla costruzione della bomba. Ed è noto che il pilota che sganciò le bombe su Hiroshima e Nagasaki impazzì.

Sul momento però predominò un senso di sollievo, perché la guerra era finita davvero; solo in un secondo tempo ci si rese conto dell'immane distruzione provocata dalle bombe atomiche e di quanti giapponesi sarebbero morti dopo anni di tremende sofferenze, straziati nel corpo e nella mente. Forse anche quelle bombe furono "razziste": molti politici e storici si dichiararono convinti che gli americani non le avrebbero mai destinate all'Europa. Eppure questo atroce successo della tecnologia bellica, e il terrore che innescò, ha sicuramente contribuito a evitare una terza guerra mondiale.

Noi eravamo giovani e abbastanza spensierati, e queste tragedie ci toccavano marginalmente: dovevamo pensare alla nostra vita. Io mi ero laureata nel gennaio di quell'anno e avevo quindi anche il problema di trovare lavoro. Cominciai col dare qualche ripetizione, poi mi furono affidati i corsi di matematica e geometria all'Istituto di Ottica, diretto da Vasco Ronchi, molto famoso nel suo campo e un eccellente docente, i cui metodi di controllo degli strumenti erano stati adottati in tutto il mondo. Le mie erano lezioni per gli "occhialai", come li chiamavamo noi, cioè persone che volevano aprire un negozio di ottica e avevano bisogno di un diploma… un'esperienza per me molto formativa e gratificante. Per insegnare bisogna avere capito a fondo le cose. Mi sforzai di tradurre in ragionamenti semplici concetti che per me erano ormai ovvi, tenuto conto che la scolaresca – un'ottantina di persone – era quanto mai disomogenea. C'erano sia laureati che analfabeti di ritorno, con appena la quinta elementare.

Ma questo non era un lavoro che mi garantisse vere prospettive, così quando ci fu la possibilità di seguire Ronchi a Milano alla Ducati, dove era diventato dirigente, accettai senza tanto pensarci su. Dovevo scrivere le istruzioni per una nuovissima macchina fotografica, la Sogno, molto all'avanguardia per quei tempi.

In quel periodo di attesa del contratto, mi godetti uno spettacolo d'eccezione. La sera, seduta insieme ad Aldo sulle spallette dell'Arno, con la magnifica vista di

Firenze al tramonto, osservavamo una grande macchia solare, ben visibile anche a occhio nudo. Il fenomeno durò per due rotazioni solari, circa due mesi.

Arrivammo a Milano il giorno del mio venticinquesimo compleanno, il 12 giugno 1947. Dovevamo innanzitutto trovare un alloggio, e non era facile nella città semidistrutta dai bombardamenti.

– Non c'è problema – ci dissero dei conoscenti. – Abbiamo una stanza a Erba, in provincia di Como, dove eravamo sfollati durante la guerra. Potete senz'altro sistemarvi lì. Non è lontano da Milano. Ve la possiamo dare per un affitto molto basso...

Quando vedemmo la stanza capimmo perché fosse così economica: una specie di stalla con due divani poco invitanti, niente acqua né bagno! Il gabinetto? Un buco nel pavimento in un casotto di legno in mezzo al giardino. Per i nostri bisogni preferimmo andare nel bosco. Quella stanza era una sistemazione al di sotto anche delle nostre modeste pretese. Tornammo a Milano, sconsolati. Per fortuna per qualche giorno ci ospitò un'amica dei miei genitori e alla fine trovammo in affitto una camera decente.

Alla Ducati stavo inizialmente in un piccolo studio tutto mio, poi fui trasferita in una stanza più grande con altri tre neolaureati con cui feci amicizia.

Oltre a lavorare, dovevo anche studiare per il concorso per aiuto astronomo, la prima tappa della carriera di scienziata. L'esame orale si tenne a Roma e andò tutto

bene fino all'ultima innocente domandina: – Perché la Luna ci rivolge sempre la stessa faccia?

Non ci avevo mai pensato, e non seppi rispondere.

Così finii nona su otto posti disponibili, e dovetti continuare a lavorare alla Ducati. Ma per l'azienda erano tempi duri: a partire dalla fine dell'anno cominciarono a darci solo anticipi sullo stipendio e il nostro lavoro era fermo. Per passare le lunghe ore in ufficio, i miei colleghi e io inventammo dei giochi. Facevamo gare di aerei di carta che lanciati dalla finestra dovevano volare il più lontano possibile, oppure giocavamo partite di golf con biglie e manici di ombrello e come buche le irregolarità del pavimento...

Con l'ansia del licenziamento e con la voglia di ritornare a fare ricerca, tornai a Firenze. Dividevo le mie giornate tra l'Istituto di Ottica e l'Osservatorio di Arcetri: da una parte insegnavo matematica e geometria agli occhialai, facevo esperienze di ottica fisiologica e controllavo la qualità di centinaia di binocoli della Galileo, dall'altra continuavo le osservazioni notturne e il tipo di lavoro iniziato con la tesi. Guadagnavo ventimila lire al mese, da "precaria", come si direbbe oggi.

Nel 1948 Fracastoro fu nominato astronomo dopo ben diciotto anni passati come assistente, perché durante la guerra erano stati sospesi i concorsi. Ero contenta per lui. E anche per me, perché questo fece la mia fortuna: fui infatti nominata assistente al suo posto, con un incarico temporaneo in attesa del concorso. Come assistente

dovevo fare le esercitazioni di fisica e matematica per gli studenti del terzo anno e, al corso per occhialai, ora insegnavo ottica, cosa decisamente più piacevole.

Studiavo e leggevo. Ricordo il bel libro di Daniel Barbier, che avrei conosciuto ben presto a Parigi, un omone burbero, sempre con la pipa in bocca. Parlava delle atmosfere stellari, le uniche parti di una stella osservabili direttamente, che ci permettono, utilizzando le leggi dei gas, di risalire all'invisibile struttura interna e ai fenomeni che vi hanno luogo, come le reazioni nucleari. Le stelle sono come centrali nucleari che trasformano la materia prima, l'idrogeno, in elementi più pesanti. Le stelle più piccole, come il nostro Sole, producono elio ed eventualmente carbonio. Altre, più massicce, generano tutti gli elementi che conosciamo: li scagliano nello spazio quando, al termine della loro vita, si trasformano in "supernove". Anche noi siamo fatti degli stessi elementi, siamo parte dell'Universo, discendenti dalle supernove.

Volevo intraprendere un programma di ricerca tutto mio, oltre a quello delle cefeidi, iniziato per la tesi. Leggendo gli articoli delle riviste specializzate e i telegrammi astronomici – delle specie di cartoline spedite per via aerea dagli Stati Uniti – cominciai a interessarmi di una stella molto calda, Zeta Tauri. Si comportava in modo anomalo: oltre alle normali righe scure, il suo spettro mostrava, irregolarmente e con improvvise variazioni, delle righe brillanti, le cosiddette *righe di emissione*.

"Non so niente di questo tipo di stelle" pensai, "ma credo che valga la pena scoprire qualcosa di più…" Spinta dalla curiosità, cominciai la mia prima ricerca autonoma su questa stella e su quelle con anomalie simili. In poco tempo riuscii a ottenere risultati interessanti: un quadro completo delle loro caratteristiche e la spiegazione delle loro stranezze. "Allora sono una vera scienziata!" conclusi soddisfatta.

Nel 1949 vinsi il concorso per diventare assistente di ruolo alla cattedra di astronomia. Con la vittoria ebbi la certezza di poter continuare a fare ricerca.

La mia vita scientifica ha ricevuto un grande impulso grazie ad Aldo, che fin dall'inizio della nostra vita insieme mi ha sempre sostenuto e incoraggiato.

– Vai! Non essere timida! – mi diceva quando io tentennavo e non osavo chiedere borse di studio e ospitalità presso istituti stranieri, diretti dai maggiori astrofisici del secolo.

Già da giovane Aldo era tormentato da seri problemi di salute, e dopo una breve esperienza di insegnamento a scuola dovette smettere, continuando a occuparsi dei suoi molti interessi in forma privata. La sua passione principale sono sempre stati i libri e la letteratura. La maggior parte dei libri che occupano la nostra casa è sua, e ha una cultura così vasta che lo considero la mia enciclopedia vivente. Poiché condivideva con me l'interesse per la scienza, e discutevamo insieme del mio

lavoro e delle nuove scoperte, gli capitava spesso di mettere per iscritto le nostre chiacchierate sotto forma di articoli di divulgazione. Molti di questi sono poi apparsi, a nome mio, su quotidiani e periodici.

– Lo firmi tu, vero? – mi chiedeva alla conclusione di un articolo, dopo che ne avevamo discusso insieme gli aspetti scientifici.

– Neanche per sogno… l'hai scritto tu, non vedo perché dovrei prendermi i tuoi meriti! – replicavo.

– Se non lo firmi, lo butto. Lo sai che scrivere mi porta sfortuna. Non pubblicherò mai niente a nome mio.

– Sei un fissato…

Aldo era infatti convinto che le sue sventure fossero una diretta conseguenza della sua opera di letterato, e aveva fatto un patto con se stesso: non avrebbe mai pubblicato una sola riga a nome suo. Io pensavo che fosse una follia, ma alla fine cedevo, e con il tempo non mi ribellavo nemmeno più a queste sue richieste.

Per molti anni scrisse poesie e racconti… ma un giorno tutto andò in fumo. Nel vero senso della parola, purtroppo. Angosciato dal terribile rapporto tra scrittura e sfortuna, decise di dare fuoco a tutti i suoi scritti. L'opera di anni e anni.

– Marga… vieni qui – mi disse con voce decisa. C'era un mucchio di carte accatastate. – È tutto quello che ho scritto… ora gli do fuoco...

Prese un fiammifero. Non riuscii a impedirglielo.

Capitolo 8

# IN GIRO PER IL MONDO

L'Osservatorio a Firenze cominciava a starmi un po' stretto. Ci lavoravano in tutto nove persone, cinque scienziati e quattro tecnici, più il direttore. E oltretutto non c'erano grandi contatti con l'esterno. Andare a un convegno all'estero era un evento del tutto eccezionale. Oggi le cose sono molto diverse. Un osservatorio di medie dimensioni occupa tra le ottanta e le cento persone, compresi tecnici e amministrativi. E gli scambi internazionali sono all'ordine del giorno. Sarebbe impensabile fare scienza solo a livello nazionale o addirittura locale.

Su consiglio di Giorgio Abetti feci quindi domanda per una borsa di ricerca all'Institut d'Astrophysique di Parigi. Anche ad Aldo non sarebbe dispiaciuto passare un po' di tempo nella capitale francese, e per me era una grande occasione. L'Institut d'Astrophysique negli anni Cinquanta era uno dei migliori centri scientifici del mondo.

Arrivammo a Parigi in treno, in una fredda e umida giornata di gennaio. Per fortuna proprio davanti alla stazione trovammo un albergo, a cui mi sono affezionata e dove ho continuato ad andare per molti anni. Già durante il viaggio non mi ero sentita tanto bene, ma arrivata a Parigi stavo veramente malissimo. "Non voglio che Aldo se ne accorga", pensai, "è così ansioso". Andai di nascosto a misurarmi la febbre: quasi quaranta! Non dissi niente. La mattina dopo stavo meglio e mi presentai all'Istituto, dove ci offrirono una sistemazione provvisoria nella foresteria e ci trattarono con molta gentilezza.

Parigi era bellissima. E quanto diversa dall'Italia di allora, quando non eravamo ancora abituati alla marea di turisti da tutto il mondo che invadono le nostre città, e si era lontani dalla libertà di vestirsi come ci pare, anche nei modi più strampalati. Il Sessantotto era ancora di là da venire!

Dovunque gente di tutti i tipi, con origini diverse e vestiti di tutti i colori. E nessuno ci faceva caso. Coppie che si baciavano appassionatamente anche in metrò,

quando da noi, allora, c'era sempre un "rappresentante dell'ordine" pronto a redarguirci severamente per oltraggio al pudore!

– Che differenza da noi fiorentini, che ridacchiamo dietro agli stranieri e li guardiamo come se fossero bestie rare! Come siamo provinciali!

Guardavamo tutti e tutto, esaltati da questo grande senso di libertà e tolleranza che si respirava nell'aria. E ringraziavo il mio lavoro che mi aveva portato in una città così bella.

– Vede, madame Hack, questo è il nostro metodo per stabilire classificazioni bidimensionali degli spettri stellari. Disponiamo di un gran numero di spettri di stelle presi in maniera omogenea con strumentazione che permette di ottenere spettri dal giallo fino all'ultravioletto vicino, cioè quello che non è completamente assorbito dalla nostra atmosfera...

Così mi accolse Daniel Chalonge, un fisico molto famoso che dirigeva una squadra di giovani ricercatori.

Mi spiegò dettagliatamente il loro metodo e concluse:

– Un lavoro molto importante, cui Lei può associarsi attenendosi ai nostri metodi standard.

Mi unii al gruppo, ma dopo poche settimane mi sentivo molto frustrata da quel lavoro ripetitivo... Così cominciai a pensare a un utilizzo diverso di tutto quel prezioso materiale osservativo.

Mi venne in mente di sostituire una delle due funzioni con un'altra grandezza facilmente misurabile e meno

soggetta a modifiche da parte della diffusione dovuta alle polveri interstellari, che tendono a trasformare la luce delle stelle facendola sembrare più rossastra. Proposi la mia idea con molta titubanza.

– Provi pure – mi disse Chalonge, che era gentile e di natura liberale e affabile. Ma sentivo nella sua voce una nota di delusione e di scetticismo.

Alla fine del lavoro gli consegnai i risultati e lui rimase molto colpito.

– Estremamente interessanti, madame Hack! Degni di essere pubblicati sugli *Annales d'Astrophysique*. Penserò io a migliorare il suo francese e a far battere a macchina il testo.

Non mi aspettavo tanto! Era quasi come laurearsi di nuovo, questa volta a livello internazionale.

Quando venne il momento di ritornare a Firenze, partimmo con l'animo triste: Parigi ci era rimasta nel cuore. A rendere più amara la pillola, ci aspettava uno sgradevole imprevisto alla frontiera. Quando i doganieri francesi ci chiesero dettagli sulla nostra permanenza e sui proventi del mio lavoro, ingenuamente dichiarammo tutti i franchi faticosamente messi da parte. Parlottarono un po' fra loro e poi ci spiegarono che ci avrebbero sequestrato l'intero importo, perché avremmo dovuto denunciarlo e pagare le tasse. Nessuno all'Institut ci aveva informato delle necessarie pratiche burocratiche, e il colpo fu grave, tenuto conto dei nostri miseri stipendi di ricercatori alle prime armi.

Ad Arcetri c'era un nuovo direttore con il quale non andavo molto d'accordo. Volle dare all'Osservatorio un indirizzo di ricerca rivolto a un solo campo, la fisica solare, e fece di tutto per rendere la vita difficile a chi, come me e altri, non voleva abbandonare i propri interessi per entrare nella sua squadra.

Così chiesi e ottenni il trasferimento all'Osservatorio di Merate, succursale dello storico Osservatorio di Brera. Partimmo nel luglio del 1954 con la nostra Fiat Giardinetta che avevamo comprato usata l'anno precedente; era una Cinquecento con la carrozzeria in legno. Durante una delle mie prime esperienze al volante della Giardinetta, da Arcetri a casa, poco più di un chilometro, capitò un piccolo disastro. Sentivo una tremenda puzza di ferodo. Non capivo da dove venisse. Telefonai allarmata a un tecnico dell'Osservatorio che abitava lì vicino. Lui accorse subito.

– Margherita! Hai il freno a mano tirato!

Ancora oggi, quando guido, la mia mano va automaticamente a toccare il freno a mano per assicurarsi che sia abbassato.

Il nostro viaggio ci portò attraverso le strette strade dell'Appennino, in mezzo a boschi bellissimi, e poi sulla piatta e monotona via Emilia. Non c'era ancora l'Autostrada del Sole e ci volle un'intera giornata di viaggio per arrivare a Merate, un paesone della Brianza fra Milano e Lecco.

Dormimmo in due stanze, pomposamente chiamate

foresteria; restano indimenticabili i numerosi toponi che scorrazzavano allegri sotto le nostre brande, e l'impianto elettrico con i fili scoperti, tanto che volavano di continuo scintille e la luce se ne andava.

Il giorno dopo andai all'Osservatorio. Un imponente cancello si apriva su un parco, grande e ricco di alberi secolari fra cui uno splendido cedro del Libano. Mi accolse il direttore in persona, con tutta la sua famiglia, moglie e cinque figlie. Dal punto di vista scientifico l'Osservatorio di Merate era senz'altro meglio attrezzato rispetto a quello di Firenze, e avevo anche la speranza di ottenere un incarico di insegnamento a Milano. Ma per quanto riguarda l'aspetto umano, mi accorsi presto che purtroppo era molto peggio di Firenze. Le gelosie dei due colleghi più anziani ostacolavano il mio lavoro e trovammo più di una volta la nostra Giardinetta con le gomme a terra!

Comunque non mi scoraggiai e decisi di concentrarmi sulla ricerca. Disponevo di un telescopio di un metro e di un buono spettrografo. Certo, le notti invernali d'osservazione al telescopio erano molto dure, non solo per il freddo e l'umidità. Una posa poteva durare anche cinque o sei ore e dovevo tenere quasi in continuazione l'occhio al telescopio per mantenere la stella nella fenditura dello spettroscopio. Stare soli nella cupola e al buio quasi completo, guardando il puntino luminoso nella fenditura, ha un effetto quasi ipnotico ed è facile addormentarsi. Ascoltavo musica alla radio.

Ma alla fine ne uscì un grosso lavoro, ero eccitata e lo portai al direttore.

– Sì, lo guarderò, ora non ho tempo d'ascoltarla, mi lasci il manoscritto – mi disse freddamente.

Passarono i giorni, ogni tanto gli chiedevo se l'avesse letto, ma sembrava non avere mai tempo, finché dopo più di un mese che lo teneva nel cassetto mi comunicò che lo avrebbe pubblicato...

– Lo pubblicherò sugli *Atti della Società Scientifica Lombarda* – mi disse.

– È una rivista che all'estero nessuno conosce – protestai, ma non ci fu nulla da fare: solo i soci della Società avrebbero letto il mio articolo, e forse nemmeno loro.

Fui quindi felice quando mi giunse la notizia che la mia domanda per una borsa all'estero era stata accettata. Volevo andare in Olanda, a Utrecht, al centro più importante di fisica solare, dove lavorava il celebre Marcel Minnaert. A Merate il direttore si oppose alla mia partenza – non capiva che l'arricchimento di uno dei membri dell'Osservatorio rappresentava un arricchimento per tutti! – ma io non cedetti: partire era un mio diritto, e alla fine si arrese.

Ed eccoci di nuovo in viaggio con la nostra Giardinetta. In Olanda le macchine erano ancora più rare che in Italia. Tutti giravano in bicicletta, con il bello e il brutto tempo: sole o pioggia non faceva differenza. Non passò quindi inosservato il nostro arrivo allo Sterre-

wacht Sonnenborgh, situato su una collinetta alta ben dieci metri – un'elevazione non indifferente in un paesaggio completamente piatto per centinaia di chilometri. Ci trovammo subito a nostro agio, sia nella stanza della foresteria che ci fu messa a disposizione, sia con Minnaert e i colleghi, che divennero presto quasi amici. Si dice tanto della freddezza dei paesi nordici e del calore del meridione... da parte mia credo che questa sia una diceria infondata. Sono stata accolta con molto più calore nelle mie varie peregrinazioni all'estero che in molte città italiane.

Minnaert, lungo e magro, parlava molte lingue: inglese, francese, tedesco, russo, un po' di italiano e di spagnolo, e la sua compagnia come uomo e come scienziato era un vero piacere. Lui e sua moglie, entrambi comunisti come noi, ci invitavano spesso a casa loro. Dopo la cena a base di cibi vegetariani – Minnaert non mangiava nemmeno le uova e il burro – il nostro ospite si sedeva su una bassa poltrona, quasi arrotolando le gambe troppo lunghe. Parlavamo dei nostri comuni ideali o ascoltavamo musica, che lui amava molto. Purtroppo morì di cancro ancora abbastanza giovane.

Il mio programma di ricerca in Olanda consisteva nel calcolare modelli di atmosfere stellari per diversi valori di temperatura e gravità superficiali. Era un programma che avevo chiesto io di svolgere. Volevo approfittare della competenza di Minnaert per imparare qualcosa di nuovo, e cercare di capire meglio i "mes-

saggi" contenuti nella luce di una stella. La luce è tutto quello che abbiamo delle stelle, visto che non possiamo certo andare di persona a prelevare campioni di materia stellare! È attraverso la luce che le stelle ci raccontano la loro storia, anche se non sempre è facile da comprendere. I calcoli che ora si fanno in pochi secondi, io li facevo a mano. Erano lunghi e noiosi, ma facendoli mi rendevo conto del procedimento. La stella in esame era un oggetto molto particolare: ne avevo già studiato lo spettro, sapevo che era un po' strana e per questo più interessante. Riuscii a capire bene il suo comportamento con un modello diverso da quello delle stelle normali, che rappresentano la maggioranza. Quando il lavoro fu finito, era terminato anche il mio periodo di soggiorno olandese, e mi rattristava un po' l'idea di tornare a Merate...

In quel periodo ci fu il consueto congresso dell'Unione Astronomica Internazionale, che riunisce ogni tre anni tutti gli astronomi del mondo in luoghi sempre diversi e sempre in agosto. Quell'anno, il 1955, era a Dublino. Era la prima volta che partecipavo a questa grande assemblea: ci sono i maggiori scienziati, si discutono i risultati più recenti e i problemi da affrontare e si cerca di organizzare collaborazioni a livello internazionale. Fu anche un'occasione per conoscere l'inglese americano. Per tutta una conferenza sentivo parlare di "stores, stores, stores" (negozi) e mi domandavo cosa c'entrassero

con le stelle, ma poi ebbi un lampo di genio: parlavano di "stars", stelle!

Lì conobbi Otto Struve, il presidente dell'Unione Astronomica Internazionale. Era l'ultimo discendente di una famiglia di astronomi russi e famoso per i suoi lavori di astrofisica stellare. Era emigrato negli Stati Uniti nel 1917, durante la rivoluzione d'ottobre, ed era diventato uno dei maggiori esperti nello studio di stelle con caratteristiche spettrali peculiari, difficilmente interpretabili: proprio il mio campo di ricerca.

– Dai, Marga, fatti coraggio, chiedigli un appuntamento – Aldo mi tormentava in continuazione.

Finalmente mi decisi, riuscii a incontrarlo e a parlargli delle mie ricerche, chiedendogli se sarebbe stato disposto ad accogliermi nel suo istituto a Berkeley, in California. Scoprii che era molto disponibile.

Per non soffocare nell'atmosfera soporifera dell'Osservatorio meratese, mi detti subito da fare per ottenere la borsa di studio per andare negli Stati Uniti, ospite nell'Istituto di Struve. Non riuscivo proprio a star ferma! Il Dipartimento di Astronomia dell'Università di Berkeley era pronto ad accogliermi, e Aldo sarebbe venuto con me.

Per ottenere il visto dovemmo compilare lunghi moduli in cui ci chiedevano anche informazioni del tutto inutili a valutare la mia competenza scientifica: di che religione ero, di che colore era la mia pelle, se io o i miei familiari eravamo mai stati iscritti al partito

fascista o al partito comunista – come si permettevano di mettere sullo stesso livello fascisti e comunisti? – se avevamo mai avuto malattie infettive... e via dicendo. Non scoprirono che Aldo aveva avuto la tubercolosi e ci furono perdonati i nostri trascorsi – obbligatori – come balilla, avanguardista, piccola e giovane italiana, mentre le nostre simpatie comuniste rimasero nostri sentimenti privati: per fortuna non ci sottoposero anche alla macchina della verità!

Viaggiammo in nave, cinque o sei giorni di navigazione sulla *Augustus*, verso i mitici States. Fu una delle poche vere vacanze della mia vita. Ci capitò una cabina di prima classe declassata a seconda. I camerieri in guanti bianchi e l'abbondanza di posate... non eravamo abituati al lusso e quell'eleganza ci intimidiva un po'. Ogni mattina sul ponte potevamo partecipare a vari giochi, il pomeriggio c'era il cinema e la sera feste danzanti. Il tempo fu bello e il mare tranquillo per i primi quattro giorni. Gli ultimi due cambiò: con il mare forza sette era difficile reggersi in piedi sul ponte. In quanto allo stomaco, meglio restare chiusi in cabina. Ma infine arrivammo. Quando scorgemmo la Statua della Libertà, rimanemmo entrambi a guardarla, affascinati e commossi. E in lontananza si intravedeva lo straordinario profilo dei grattacieli della mitica New York.

Dopo l'accurato esame da parte di arcigni e scontrosi doganieri che verificarono che non fossimo dei pericolosi criminali né che trasportassimo oggetti proibiti, ci

ritrovammo sui marciapiedi di New York a cercare un taxi trascinando le nostre valigie. Finalmente un passante, che si rivelò un immigrato italiano (com'è piccolo il mondo!), ci abbordò con un cordiale "paisà" e ci spiegò in una strana lingua angloitaliana che in America i taxi li si piglia al volo...

La nostra meta era la California, la famosa Università di Berkeley. Così, dopo un breve soggiorno a New York, ripartimmo. Una tappa a Chicago e poi due giorni e una notte in treno attraverso tutta l'America: Salt Lake City, il Gran Lago Salato, le Montagne Rocciose... luoghi mitici dei film western. Un'esperienza indimenticabile.

"Italy, Mafia" e "Italian, Lollobighida!" furono le prime frasi che mi rivolsero la segretaria del piccolo dipartimento di astronomia e uno scienziato cinese. "Ah, l'America!", pensai, "Come in tutti i posti del mondo anche qui si pensa agli altri solo in base a pregiudizi e luoghi comuni... da una parte la mafia e dall'altra Gina Lollobrigida, famosa e bella attrice".

Durante la permanenza a Berkeley mi occupai di alcune stelle veramente straordinarie, le più belle tra tutte quelle che ho incontrato nella mia vita. Tutte le stelle sono belle se guardate in una notte di luna nuova, in riva al mare o stesi su un prato in montagna, con i grilli che cantano in sottofondo... purché le zanzare ci lascino in pace! Ma per un astronomo una stella è bella quando ha qualcosa di speciale da raccontare.

Le mie stelle di Berkeley avevano molto da raccontare. La prima stella era in realtà... due! Ma nessuno se n'era accorto: scoprii io che si trattava di una coppia di stelle, legate dalla gravità, che orbitavano l'una intorno all'altra. Poi fu la volta di Upsilon Sagittarii, una stella che non contiene quasi idrogeno, che è invece l'elemento più comune nell'Universo perché, come scoprii io stessa anni dopo, era molto vecchia e aveva già passato le fasi di trasformazione dell'idrogeno in elio, e dell'elio in carbonio e ossigeno. Infine di nuovo una stella doppia, W Serpentis, dove le due compagne sono molto vicine tra loro. La stella maggiore succhia il gas alla compagna più piccola provocando enormi maree e getti di gas dall'una all'altra, formando così un disco di accrescimento. Si trattava di un'assoluta novità nella ricerca astronomica.

All'epoca del nostro ritorno in Italia, il 4 ottobre 1957, arrivò la notizia che i sovietici avevano messo in orbita il primo satellite, lo Sputnik. Al suo passaggio, ogni novanta minuti circa, lo si vedeva brillare nel cielo, più luminoso di Giove. Era una grande emozione, sia scientifica che umana. In più, tutti quelli di sinistra erano felici che fosse stato un paese comunista ad arrivare per primo nello spazio.

Un medico americano mi chiese: – Ma è proprio vero che i sovietici hanno lanciato un satellite artificiale? Non sarà un imbroglio?

Non poteva capacitarsi che l'impresa non fosse stata compiuta dagli americani. Io fui particolarmente impressionata dall'avventura della cagnetta Laika, a bordo dello Sputnik 2, lanciato poco dopo, il 3 novembre 1957. Non credevo che questo suo sacrificio fosse veramente utile alla scienza, mi sembrava piuttosto una trovata pubblicitaria. Dissero che ricevesse la voce del suo istruttore e che fosse come ipnotizzata... alla fine fu addormentata perché non si svegliasse più. Spero che sia vero.

L'anno dopo andai in Unione Sovietica per un altro congresso dell'Unione Astronomica Internazionale. Tutta la delegazione italiana partì in treno e fece una sosta a Varsavia, dove mi stupii della cerimoniosità dei polacchi che ancora facevano il baciamano alle signore! Il treno viaggiava lentissimo nella sconfinata pianura russa, e ogni vagone era vigilato strettamente da robuste conduttrici, che impedivano a chiunque di allontanarsi dalla propria carrozza e andare a spasso per il treno. Questo e il fatto che la reception dell'albergo si tenne i nostri documenti per tutta la durata del soggiorno furono chiari segnali che ci trovavamo in uno stato di polizia. Per il resto andai in giro liberamente a piedi, dove mi capitava, e la gente, che immediatamente mi riconosceva come straniera, era oltremodo amichevole e affabile. Per visitare il mausoleo di Lenin ci vollero ore e ore di attesa, fin dalle otto del mattino,

in un'interminabile coda che si snodava verso la bella Piazza Rossa, dominata dalla basilica di San Basilio e dalle vie laterali. Anche se come turista straniera avrei avuto il diritto di evitare l'attesa, preferii rimanere in fila per stare un po' in mezzo alla gente.

Tutti avevano un aspetto contadino, che fossero operai o professori universitari. Prima di tornare in Italia, ci fecero fare una gita a Leningrado, l'attuale San Pietroburgo. Io di solito sono allergica ai musei, forse per le troppe ore passate con mamma agli Uffizi, ma il meraviglioso museo dell'Ermitage rappresentò un'eccezione. Mi è rimasta impressa anche la storica corazzata Potëmkin, che ispirò il film di Ejzenstein, simbolo del desiderio di libertà di un intero popolo, purtroppo destinato a essere in gran parte deluso.

*Capitolo 9*

# DA GIRAMONDO A DIRETTORE

Alla fine del 1959, dopo un altro soggiorno a Berkeley, ci eravamo di nuovo stabiliti a Merate. Durante i primi mesi dell'anno successivo, Aldo fu gravemente malato ed eravamo tutti e due molto in ansia. Andava tutti i giorni da un tisiologo di Merate, umano e di buon senso, ma che aveva una predilezione per le radioscopie. Gliene faceva una ogni volta che lo visitava! Allora non si sapeva ancora quanti danni possano causare i raggi X al corpo umano e per fortuna Aldo non subì conseguenze. Su consiglio del dottore cercammo un appartamento a un'altitudine di sette o ottocento metri per passarvi l'estate, e lo trovammo a San Maurizio, un po' più in alto di Brunate, sulla collina sopra Como, non lontano da Merate. Fu proprio a San Maurizio, durante una breve sosta di ritorno da un viaggio a Leida in Olanda, che cominciai a stare male. Ero debole e mi sentivo martellare le tempie. "Passerà...", pensavo. Ero così abituata a stare bene che non presi in seria considerazione il fatto di essere ammalata. Invece avevo una forte anemia, che non migliorò nemmeno dopo la cura a base di ferro. Un giorno, ai primi di settembre, dovettero portarmi d'urgenza in ospedale. Il medico mi spiegò le alternative.

– Le opzioni che la moderna medicina le offre sono una cura lunga e forse non risolutiva... o un'operazione, con tutti i rischi che può comportare.

E io decisa risposi: – Mi operi subito, senza perder tempo... che il primo ottobre devo essere in Olanda!

Tre o quattro giorni dopo, in un tempestoso pomeriggio di inizio autunno, fui operata. Dovettero usare i gruppi autogeni perché andò via la corrente durante l'operazione. Ma questo lo venni a sapere dopo. Ho un ricordo netto della mamma, nelle ore immediatamente successive all'operazione, quando ero ancora semiaddormentata. Fu l'ultima volta che l'ebbi vicino a me. Mi ricordo che c'era qualcosa che mi dava noia al braccio e tiravo con tutte le mie forze, mentre qualcuno mi teneva ferma. Era una vera e propria lotta. Sentii la mamma che diceva:

– Bisogna spiegarglielo – e altri che rispondevano:

– No, si spaventerebbe!

– No, capirà – replicò la mamma.

– Mimma, sta' ferma, perché ti stanno facendo una trasfusione, altrimenti esce l'ago.

Mi fermai immediatamente, e ancora oggi penso al buon senso della mamma e alla sua fiducia nella mia razionalità.

La convalescenza in ospedale e poi a casa fu un bellissimo periodo. Potevo leggere e finire in pace i miei lavori. Anzi fu proprio allora che riuscii a immaginare un modello teorico per spiegare una stella binaria con caratteristiche uniche: Epsilon Aurigae. La spiegazione consisteva nel supporre che avesse una compagna invisibile: una stella debole e molto calda, la cui radiazione ultravioletta sarebbe stata responsabile delle anomalie osservate nella radiazione emessa dalla stella visibile. Era un'ipotesi plausibile ma non verificabile. L'ipotetica compagna, infatti, avrebbe emesso soprattutto radiazioni ultraviolette non osservabili da terra, perché completamente assorbite dall'atmosfera terrestre. Fu solo diciotto anni dopo, quando fu lanciato un satellite per l'osservazione della radiazione ultravioletta delle stelle, che ebbi la soddisfazione di vedere confermata la mia ipotesi.

Era l'aprile del 1978 e l'IUE (International Ultraviolet Explorer) lanciato due mesi prima era pronto per osservare i programmi dei tanti ricercatori europei e americani. Avevo ottenuto del tempo di osservazione per la

mia Epsilon Aurigae. Se la mia ipotesi era giusta, sul monitor sarebbe dovuta apparire una strisciolina luminosa: lo spettro ultravioletto della compagna invisibile. Se era sbagliata, lo schermo sarebbe rimasto vuoto e nero. Lo fissavo con ansia e finalmente la strisciolina apparve!

All'inizio di ottobre, dopo la convalescenza, partii per l'Olanda come preventivato, sana e riposata. Purtroppo il mio soggiorno fu interrotto da una notizia tragica. "Mamma gravissima, emorragia cerebrale" diceva il telegramma del babbo che mi consegnarono il 13 novembre. Un'ora dopo ero seduta sul treno per Roma. Il viaggio sembrava non finire mai... Giunsi a Firenze il pomeriggio successivo. Trovai il babbo sconvolto e la mamma in coma irreversibile. Il sangue, in seguito alla rottura di una grossa vena, aveva completamente invaso il cervello. Non c'era più niente da fare, se non dare un po' di sollievo all'organismo attraverso le flebo che le facevano tutti i giorni. Morì la sera del 17. Mi preoccupavo per il babbo che adesso sarebbe rimasto solo. Avevano vissuto tutta la vita insieme, strettamente legati l'uno all'altra.

Quell'anno Aldo e io passammo il Natale a Firenze e mi capitò tra le mani un foglietto scritto con la calligrafia della mamma, datato 15 luglio 1945, anniversario del loro matrimonio:

*Cara Mimma mia adorata,*
*per te ho vissuto e lavorato e resterò sempre vicino a te, mi avrai sempre accanto, più viva che mai. Che l'affetto della tua mamma possa esserti di aiuto e di conforto nei momenti più difficili e dolorosi della tua vita. Ti bacio e ti stringo a me forte forte.*

*Mamma*

Lo porto sempre con me.

Continuai fino al 1963 il mio lavoro a Merate, con l'insegnamento a Milano e frequenti viaggi all'estero, soprattutto in America e in Olanda. Anche in Italia avevo stretto utili relazioni con gruppi di fisici che facevano capo a Giuseppe Occhialini, detto Beppo, e che diedero l'avvio a una serie di incontri con lo scopo di coordinare la ricerca italiana nel campo della fisica cosmica e dell'astrofisica. Fu così che nacque il Gruppo Italiano di Fisica Cosmica, chiamato anche GIFCO, e che imparai a fare politica scientifica, una cosa necessaria se si vuole fare crescere il proprio istituto e gestire in modo intelligente i soldi a disposizione.

Proprio in occasione di uno di questi incontri del GIFCO, scendendo le scale dell'Istituto di Fisica dell'Università di Bologna, sentii gridare:

– Congratulazioni, Margherita!

Mi voltai con aria interrogativa: – Non capisco... Per che cosa?

– Ma il concorso! Hai vinto!

Avevo finalmente vinto la cattedra di astronomia all'Università di Trieste, e non sapevo nemmeno che la commissione si fosse riunita in quei giorni. Mentre mi accompagnavano alla stazione offrii da bere a tutti. Mi sentivo leggera e felice. Erano mesi che aspettavo questo responso e, sebbene continuassi la vita di sempre, avevo costantemente questo fastidioso peso sullo stomaco.

Per partecipare al concorso, avevo dovuto dimostrare la mia competenza, presentando le mie pubblicazioni al Ministero. Il babbo e il mio amico Massimo, calcolatore all'Osservatorio di Merate, mi aiutarono a impacchettare chili e chili di carte, i miei lavori scientifici – più di cento pubblicazioni. Dopo un po' anch'io ero diventata abile a fare pacchi e nodi. Alla fine ci eravamo ritrovati con una mole gigantesca di roba. Come fare per spedirla? Decidemmo di consegnarla a mano, andando a Roma in macchina. Massimo si offrì di accompagnarmi per darmi una mano a scaricare il tutto al faraonico palazzo del Ministero dell'Istruzione.

Il sollievo per il successo durò poco. Dovetti infatti faticare moltissimo per farmi accettare a Trieste, il cui Osservatorio era governato da un vecchio professore, Ettore Leonida Martin, che fino all'ultimo sperava che il concorso fosse vinto da uno dei suoi allievi. Camice, lunga barba bianca, affacciato da un alto torrione dell'Osservatorio, o meglio della Specola, come era scritto

a grandi lettere sulla facciata dell'edificio simile a un castello, con finti merli e torrette: ecco come il vecchio direttore mi si presentò la prima volta che mi recai a Trieste, per conoscere i futuri colleghi. Aveva l'aspetto tipico dello scienziato di una volta, come ce lo rappresentano nei vecchi film e nelle fotografie ingiallite della fine dell'Ottocento.

Un uomo d'altri tempi, che considerava l'istituto, gli strumenti, il personale come una proprietà di cui disporre a piacimento. Il suo alloggio di servizio, in cui viveva con la moglie, occupava dieci stanze, un intero piano dell'edificio dell'Osservatorio; trattava il custode e sua moglie come suoi personali domestici, decideva quali ricerche si dovevano fare e si permetteva addirittura di intervenire nella vita privata dei dipendenti. Una volta, per esempio, trovai in archivio una lettera in cui rimproverava una segretaria perché era andata in vacanza in Jugoslavia, cosa che lui non approvava!

Capitolo 10

# SCIENZA, BUROCRAZIA... E TEATRO

Malgrado tutto e tutti, il 15 dicembre 1963 ero titolare della cattedra di astronomia dell'Università di Trieste e direttore dell'Osservatorio. Ci arrivai subito dopo le vacanze di Natale trascorse di nuovo con il babbo a Firenze. Ereditavo il peggiore osservatorio d'Italia: l'intero staff scientifico era costituito da due soli astronomi, allievi di Martin, la strumentazione era vecchia e inadeguata, le ricerche in corso poche e ormai sorpassate. Insomma, c'era molto da fare, e mi misi subito all'opera.

"Che cosa serve per far funzionare un buon osservatorio?" mi chiesi, per cominciare a pianificare la mia attività di direttore. Ci vogliono idee e programmi di ricerca in sintonia con gli sviluppi scientifici internazionali, telescopi e strumenti moderni per osservare il cielo, scienziati e tecnici motivati e competenti: a Trieste non c'era niente di tutto ciò!

Cominciai il corso di astronomia all'università: poiché fino ad allora il corso tenuto da Martin riguardava solo argomenti ormai obsoleti di astronomia e niente della moderna astrofisica, ebbi un solo studente, un prete iscritto a matematica. Il secondo anno, oltre al corso di astronomia, ne tenni uno di astrofisica, in cui davo molto spazio alle moderne ricerche, in modo da attirare i ragazzi più intelligenti e curiosi. Senza giovani desiderosi di diventare scienziati non c'è futuro per la scienza stessa e il suo destino sarebbe un inevitabile e progressivo deperimento. Nel giro di poco tempo il corso divenne molto frequentato, e all'Osservatorio arrivarono quattro ragazzi appena laureati, due studenti turchi che mi avevano seguito da Merate e che lavoravano alla tesi di laurea, una mia collaboratrice di Milano laureatasi con una tesi di astrofisica e una giovane fisica milanese, oltre a quattro tecnici.

Si cominciava a respirare un'aria nuova... ma anche a stare stretti! Ci volle l'intervento del Ministero per convincere il vecchio direttore a sgombrare l'appartamento che ancora occupava nell'edificio dell'Osserva-

torio, retaggio di antichi privilegi. Lì, dove prima abitavano due sole persone, sistemammo undici uffici e ventidue persone. Si cominciarono presto nuove ricerche e si continuarono quelle vecchie con strumentazione più moderna: osservazioni di stelle variabili e binarie, radioastronomia con particolare interesse per la fisica solare e spettroscopia stellare erano i tre filoni già ben impostati alla fine del 1965, meno di un anno dopo il mio arrivo.

Mi fu d'aiuto per il lavoro di ricerca anche l'opportunità di recarmi all'estero con il mio staff di giovani studiosi. Ottenemmo tempi di osservazione all'osservatorio nazionale francese, situato a St. Michel, nell'Alta Provenza. Andammo in treno fino a Nizza, poi con un'auto in affitto percorremmo la splendida campagna francese: da lontano si vedevano le cupole argentee dell'osservatorio brillare al sole.

Appena cominciava a fare scuro ci si avviava al lavoro. Conoscevamo lo strumento e le operazioni da eseguire. Non era facile però essere sicuri che la stella puntata fosse proprio quella desiderata, soprattutto se era molto debole. Inoltre il telescopio era in posizione tale per cui si doveva stare in bilico su una scala a collo torto o sdraiati per terra. Bisognava stare al buio per riuscire a scorgere le stelle più deboli, e con la lampadina tascabile confrontare ciò che si vedeva sulla mappa. D'inverno le dita erano tutte intirizzite dal freddo. Oggi invece il lavoro è ben diverso: con i grandi telescopi moderni,

l'astronomo è collegato a uno schermo televisivo e, comodamente al caldo, esegue tutte le operazioni!

L'impresa di dotare l'Osservatorio di Trieste di strumentazione più moderna fu difficile ma divertente, e tutti, soprattutto i tecnici e gli scienziati originari di Trieste che conoscevano bene i dintorni, furono più o meno coinvolti. Si trattava infatti di trovare un luogo adatto a costruire nuovi edifici e cupole per ospitare telescopi e radiotelescopi: doveva essere ampio, lontano dalle luci e accessibile alle nostre limitate finanze.

Dopo varie ricerche, trovammo un terreno pianeggiante di circa trentamila metri quadri in Carso, vicino a Basovizza, un paesino proprio al confine con la Slovenia, allora Jugoslavia. Qui le luci della città non arrivavano. La zona era poco frequentata, proprio per il fatto di trovarsi così vicino alla Jugoslavia, allora un paese comunista, oltre la cortina di ferro. In verità, almeno nel Friuli Venezia Giulia, era piuttosto una cortina di tulle, perché era un confine apertissimo e i residenti a Trieste lo oltrepassavano con un lasciapassare. Ma la zona era scarsamente abitata e le indicazioni stradali erano del tutto inesistenti – ancora oggi per chi non è pratico non è facile orientarsi sul Carso, dato che i cartelli sono laconici e distribuiti con parsimonia.

Il terreno, di proprietà del demanio regionale, ci fu dato per un prezzo molto ragionevole. Nel 1967, la prima strumentazione di Basovizza era già operativa e fu possibile effettuare osservazioni di fotometria stellare e

radioastronomia solare. Poco dopo furono costruiti gli uffici e l'officina per i tecnici, la foresteria e l'alloggio per il custode, e iniziò la costruzione di una cupola che avrebbe ospitato un telescopio da un metro di diametro. Negli anni immediatamente successivi si completò la costruzione di un paraboloide e di un interferometro per le misure delle onde radio provenienti dal Sole.

Piano piano ecco che le nostre ricerche cominciavano a essere conosciute in ambito italiano e internazionale e l'Osservatorio diventò un centro di tutto rispetto che attirava i migliori scienziati del mondo, per lo meno a trascorrere un periodo come visitatori, in un ambiente piacevole sia dal punto di vista ambientale che scientifico. Un grande aiuto a farci conoscere ci fu dato dal Centro Internazionale di Fisica Teorica (ICTP), nato nel 1964 soprattutto per la tenacia e l'abilità di un fisico triestino, Paolo Budinich, che riuscì a portare a Trieste un'istituzione ambita e contesa da alcune delle maggiori città europee. Alla direzione dell'ICTP fu chiamato Abdus Salam, il fisico pakistano che pochi anni dopo ricevette il Premio Nobel per le sue teorie sull'unificazione delle forze fondamentali.

Il Centro era perfettamente attrezzato per ospitare eventi internazionali. Così potemmo organizzare in quella sede parecchi congressi su vari argomenti di grande attualità, cui parteciparono astrofisici da tutto il mondo, e ciò contribuì enormemente a far conoscere l'Osservatorio, Trieste e i suoi dintorni. Trieste infatti è

una città bellissima, in equilibrio tra il cielo trasparente e luminoso spazzato dalla bora, il mare del suo magnifico golfo e le colline del Carso, che attrae per la rustica bellezza e l'interesse geologico e naturalistico delle sue rare conformazioni.

Il tempo passava rapidamente ma non me ne accorgevo. Sentivo sempre la stessa voglia di fare cose nuove come agli inizi della carriera. Anno dopo anno le cose crescevano e io invecchiavo, naturalmente insieme ad Aldo. Nel 1971, il 18 agosto, morì il babbo. Eravamo rimasti d'accordo che sarei andata a prenderlo e che avrebbe trascorso un po' di tempo con noi a Trieste. Ci sentimmo la sera prima della mia partenza per Firenze, aveva una voce affannosa. Preciso e ordinato com'era, aveva già preparato la valigia. Il giorno dopo, durante il viaggio, scesi a Bologna dove dovevo cambiare treno e ne approfittai per fargli una telefonata. Mi rispose la vicina che negli ultimi tempi lo assisteva amorevolmente.

– Margherita – mi disse – il babbo è morto stamattina prima delle sei, nel sonno.

Quando arrivai a Firenze lo trovai seduto sul letto: si metteva spesso in quella posizione per respirare meglio.

– Perché non sono partita qualche giorno prima? – mi chiesi. – L'ho lasciato morire da solo.

Un rimorso che mi è rimasto nel cuore.

Il mio incarico di direttore mi fece ben presto capire perché tante persone smettono di fare ricerca appena hanno una responsabilità: vengono letteralmente divorate dalla burocrazia. Un mostro che si riproduce a una velocità spaventosa e che non risente di nessuna crisi. Tant'è che il settore amministrativo continua a crescere anche in questi recenti anni di crisi della ricerca scientifica italiana. I miei anni di direttore dell'Osservatorio furono una lotta costante per ritagliarmi il tempo e le energie per continuare a fare ricerca, strappando ore e minuti all'incalzante e spietata burocrazia e alle riunioni dei vari consigli di facoltà, di istituto e di organismi con sigle del tutto incomprensibili ai più.

Ci fu un periodo in cui sperai che le cose potessero cambiare in meglio, in cui una ventata di democrazia vera si infiltrò anche nei più remoti meandri dell'università. Furono gli anni immediatamente successivi al movimento studentesco del Sessantotto. In quegli anni si era insediato un consiglio di istituto, composto da scienziati e tecnici, nominato con elezioni cui tutti potevano partecipare. Molti di noi erano veramente entusiasti e coglievano l'occasione per parlare di tutto. Altri invece si chiedevano soltanto se tutte quelle chiacchiere avrebbero portato a un aumento di stipendio.

Ci misi vent'anni a fare dell'Osservatorio di Trieste un centro di ricerca moderno: nel 1984 vi lavoravano più di ottanta persone e si conducevano ricerche tra le più avanzate, attraverso una rete di collaborazioni che

coinvolgevano scienziati che stavano ai quattro angoli del mondo, dall'Italia a vari paesi europei, alla Turchia, agli Stati Uniti, al Messico...

Dal 1964 al 1984 sono stati vent'anni di scoperte fondamentali. Si è affermata la ricerca e l'esplorazione spaziale con strumenti lanciati a bordo di satelliti, razzi, palloni, sonde. È stata elaborata, e ha trovato varie conferme osservative, la teoria del Big Bang, secondo la quale l'Universo è un Universo evolutivo, che ha avuto un passato estremamente caldo e denso e che circa tredici miliardi e settecento milioni di anni fa ha cominciato a espandersi diventando sempre più freddo e rarefatto. Queste modificazioni del suo stato fisico hanno portato alla formazione dei protoni e neutroni, che formano il nucleo degli atomi, alle prime reazioni nucleari con formazione di idrogeno pesante (o deuterio) e di elio, poi alla formazione delle stelle e delle galassie. È stato scoperto che l'Universo è popolato da oggetti molto più strani e vari di quello che si pensava fino ad allora: quasar, buchi neri, lampi gamma...

E proprio quando gli scienziati andavano delineando un modello dell'Universo che sembrava essere abbastanza vicino alla realtà, ecco che salta fuori la materia oscura. Capita spesso nella scienza: man mano che si scoprono cose nuove e si ha finalmente l'impressione di avvicinarsi a una soluzione, il quadro viene completamente ribaltato. La materia oscura è un caso eclatante: sappiamo oggi che circa il 23% di tutta la materia di

cui è composto l'Universo è fatto di qualcosa che non si vede, che non emette luce e nessun altro tipo di radiazione elettromagnetica. Ma questa materia si fa sentire tramite la sua forza di attrazione gravitazionale. E non si tratta di poca roba, di dettagli che possono essere messi a posto in una revisione successiva del quadro d'insieme. Tutt'altro: si tratta della quasi totalità della materia! Ma non basta; ancora più recentemente si è scoperta anche l'esistenza di un'energia oscura che con il suo 72% è l'ingrediente più abbondante dell'Universo e ne accelera l'espansione.

Materia oscura e forza oscura, queste sì che saranno delle belle imprese per la prossima generazione di scienziati!

Prima di questa scoperta, si riteneva che l'espansione avrebbe dovuto rallentare a causa della stessa autogravità esercitata dalla materia presente nell'Universo, che con il suo peso avrebbe controbilanciato l'espansione. Il dubbio era su quale fosse l'entità del rallentamento: se la densità della materia era inferiore a un certo valore – densità critica – l'Universo, pur rallentando, avrebbe continuato a espandersi per sempre; se invece la densità era superiore a quella critica, l'espansione avrebbe rallentato, tanto che a questa fase ne sarebbe seguita una di contrazione, ed eventualmente un altro Big Bang.

Le ultime misure indicano che, anche tenendo conto della materia oscura, la densità è inferiore al valore critico, e quindi l'Universo continuerebbe a espandersi per

sempre. Quest'ultima scoperta, fondata su misure più precise della distanza delle più lontane galassie, indica che l'espansione è accelerata, come se ci fosse una forza che si oppone alla forza di gravità e che spinge l'Universo a espandersi sempre di più. Questa misteriosa forza avrebbe preso il sopravvento circa sette miliardi di anni fa, dopo che l'Universo aveva iniziato la sua espansione da circa sei miliardi di anni, periodo in cui l'espansione era ancora decelerata.

Insomma, sono stati vent'anni fondamentali ed entusiasmanti per l'astrofisica, e sono contenta di avere fatto la mia modesta parte in questa storia. Man mano che il mio ruolo come scienziata attiva decresceva, sono cresciuti i miei impegni politici, civili, nella divulgazione... L'ultima impresa è stato uno spettacolo teatrale, *Variazioni sul cielo*, che una giovane attrice bolognese, Sandra Cavallini, ha tratto da un mio libro. Ho partecipato anche alle recite: diventare attrice a ottantadue anni è stata un'esperienza inattesa e divertente.

E così, da quando nel 1997 sono andata in pensione, non ho più un minuto libero!

**Il 29 giugno 2013 la celebre astrofisica ha raggiunto le amate stelle.**

*Ciao Margherita,*
*è stato un privilegio averti come autrice e sostenitrice. Sei stata un esempio di coraggio e simpatia, di intelligenza e tenacia, non hai mai mollato fino alla fine. Hai lasciato un grande vuoto sia nel paese che in ognuno di noi. Guardando il cielo stellato, il nostro pensiero corre a te... In fondo, come dicevi tu, siamo tutti figli delle stelle.*

*Editoriale Scienza*

# Approfondimenti

## Intervista di Sylvie Coyaud

### a Margherita Hack

## DANIEL CHALONGE
## (1895-1977)

Gentile, liberale, affabile, è uno dei fondatori dell'Institut d'Astrophysique di Parigi. Nella sua vita scientifica si occupa principalmente di **spettrofotometria stellare**, cioè della misura della luce emessa dalle stelle e della sua analisi, con una metodologia particolare da lui inventata, nota come "classificazione IAP", dalle iniziali del nome dell'istituto. In Francia è considerato un pioniere dell'astrofisica. Appena la ferrovia sul Cervino viene completata, Chalonge è uno dei primi ad approfittare di questa occasione per effettuare esperimenti ad alta quota. Scopre che lo strato di ozono nell'atmosfera terrestre – essenziale per la vita sul pianeta – è confinato tra i 50 e gli 80 chilometri di altezza.
Oggi è intitolata a suo nome una delle più importanti scuole di astrofisica del mondo, l'*International School of Astrophysics Daniel Chalonge*, in cui importanti scienziati tengono una serie di lezioni e seminari sui temi più avanzati della ricerca in questo settore.

## MARCEL MINNAERT
## (1893-1970)

Studia biologia all'Università di Ghent in Belgio, dove è nato, e fisica all'Università di Leida in Olanda.
Dopo la prima guerra mondiale entra nel gruppo di fisica

solare dell'Osservatorio di Utrecht, che dirigerà dal 1937 fino al 1967. Il suo principale argomento di ricerca è il **Sole**, che affronta unificando gli aspetti osservativi e teorici, dandone una visione d'insieme.

Ama insegnare ed è amato dai suoi studenti, tant'è che quando viene catturato durante la seconda guerra mondiale, insegna astronomia e fisica ai suoi compagni di prigionia. Ha una visione molto umana della scienza, scrive e pubblica non solo articoli e saggi scientifici ma anche libri di divulgazione e addirittura poesie, dove emerge anche il suo amore per le scienze della vita. Negli anni Trenta diventa un convinto attivista socialista e antifascista. Dopo la guerra si impegna in varie organizzazioni internazionali.

## OTTO STRUVE (1897-1963)

È un vero figlio d'arte: infatti suo nonno, suo bisnonno e suo zio sono tutti astronomi.

Nasce e vive in Russia per circa vent'anni, il suo nome completo è infatti Otto Ljudvigovič Struve. Lo scoppio della prima guerra mondiale e della rivoluzione sovietica interrompe bruscamente i suoi studi all'Università di Kharkov. Lui e i suoi familiari, che combattono dalla parte dei russi bianchi, sono costretti a fuggire in esilio in Turchia. Da qui Otto si trasferisce a Chicago, dove ottiene il dottorato di ricerca ed entra all'Osservatorio di Yerkes.

Vive e lavora per il resto della sua vita negli Stati Uniti e diventa direttore di quattro osservatori: Yerkes, McDonald, Leuschner e il National Radio Astronomy Observatory, dove inaugura il primo programma scientifico di ricerca di intelligenza extraterrestre. Si occupa principalmente di **stelle binarie** e **stelle peculiari**, del **mezzo interstellare** e delle **nebulose gassose**.

## GIUSEPPE OCCHIALINI (1907-1993)

Detto Beppo, studia a Firenze dove si laurea nel 1929 e si inserisce in un promettente e vivace gruppo di giovani fisici. Ma lui non è certo uno che vuole sistemarsi subito, quindi inizia la sua avventura scientifica a Cambridge, ai Laboratori Cavendish, dove impara le tecniche per

studiare le **particelle subatomiche**, delle quali scopre importanti proprietà. Poi si traferisce in Brasile per studiare i raggi cosmici. Allo scoppio della seconda guerra mondiale deve rifugiarsi nelle montagne Itatiaia, vicino a San Paolo. Alla fine della guerra torna in Inghilterra, a Bristol, dove inizia una collaborazione con Connie Dilworth, sua futura moglie.
Per le scoperte di **fisica nucleare e particellare** e sulla **radiazione cosmica**, i suoi colleghi Patrick Maynard Blackett e Cecil Frank Powell vincono entrambi il Premio Nobel per la Fisica (nel 1948 e nel 1950, rispettivamente). Purtroppo sono i tempi della guerra fredda, e a Beppo, che non nasconde le sue idee comuniste, il premio non verrà mai assegnato, pur avendo gli stessi meriti dei suoi colleghi. Dopo due anni trascorsi a Bruxelles, Beppo torna in Italia, prima a Genova, poi a Milano. Qui darà fondamentali contributi alla rinascita della scienza nell'Europa post-bellica e alla ricerca italiana.

## STRUMENTI

Il telescopio spaziale Hubble.

L'evoluzione dell'astronomia ha progressivamente trasformato la concezione che l'umanità ha di se stessa e del suo rapporto con l'Universo: se in origine pensavamo di essere al centro di un mondo fatto proprio per accoglierci, man mano che si scoprivano più cose, la nostra idea di noi stessi ha dovuto ridimensionarsi, fino a ridurci a un puntino infinitesimo in un Universo sconfinato. E questa evoluzione è andata di pari passo con il progresso tecnologico. Inizialmente il cielo veniva osservato a occhio nudo o con semplici strumenti. Poi il cannocchiale di Galileo ha rivelato che è la Terra a girare intorno al Sole, e non viceversa come si pensava allora. La Terra si comporta esattamente come gli altri pianeti. Si è poi scoperto che la Via Lattea è formata da innumerevoli stelle, e quindi nemmeno il Sole è qualcosa di speciale, ma è solo una tra le tante stelle che popolano il cielo. Infine, in questi ultimi novant'anni è avvenuta una vera e propria rivoluzione che ha trasformato l'Universo da luogo tutto sommato piccolo e tranquillo a luogo immenso, i cui confini non sono nemmeno definibili, teatro di eventi catastrofici in cui si scatenano forze ed energie inimmaginabili.

## Onde radio: Very Large Array

È uno dei maggiori strumenti per l'osservazione del cielo nelle onde radio. È fatto di 27 antenne a forma di Y, che insieme formano un'antenna di 36 chilometri di lunghezza e 13 chilometri di diametro. Si trova negli Stati Uniti, nel deserto del Nuovo Messico, nella località Piano di San Agustin, dove l'aria secca e limpida non disturba la ricezione. Viene usato per studiare oggetti distanti che emettono onde radio, come nubi di gas e particelle ad alta energia nello spazio interstellare, e oggetti più "normali" come galassie e stelle.
La radioastronomia ha permesso di vedere un'altra faccia dell'Universo noto e di scoprire oggetti sconosciuti come pulsar e quasar. I dati radio, combinati con dati di altre lunghezze d'onda (raggi X, raggi ultravioletti, luce visibile...), permettono di osservare da un punto di vista diverso, per esempio, il rumore di fondo lasciato dal Big Bang o i gamma ray burst, quelle improvvise esplosioni di energie elevatissime che si registrano ogni tanto nel cielo e di cui non si ha ancora una spiegazione certa.

## Microonde: WMAP

Il nome completo è Wilkinson Microwave Anisotropy Probe, ed è un satellite capace di misurare con precisione inedita il rumore di fondo lasciato dall'esplosione primordiale del Big Bang.

Lanciato il 30 giugno 2001, l'11 febbraio 2003 ha scattato la famosa fotografia dell'Universo appena nato. Una fotografia che cattura la luce che emerge 380 000 anni dopo il Big Bang, e che risale a circa 13 miliardi di anni fa: si vedono chiaramente i "semi" dai quali nasceranno le future galassie (vedi p. 113). WMAP ha permesso, fra l'altro, di scoprire che la prima generazione di stelle è nata 200 milioni di anni dopo il Big Bang, molto prima di quanto la maggior parte degli scienziati si aspettasse. Nel 2013 questa fotografia è stata sostituita da una molto più nitida del satellite Planck dell'Agenzia Spaziale Europea (ESA). Questa nuova mappa conferma il modello standard dell'Universo, che risulta 80 milioni di anni più vecchio e più lento nella sua espansione rispetto alle precedenti misurazioni. L'età è ora stimata in 13,81 miliardi di anni.

### Luce visibile e ultravioletto: Hubble Space Telescope

È forse il più noto osservatorio attualmente in uso, e ha mostrato agli astronomi il cielo come l'avevano sempre sognato: ricco di luci, dettagli, profondità. Hubble è un satellite lanciato nel 1990 in un'orbita a 600 chilometri sopra la Terra. Ospita a bordo una serie di strumenti e telescopi, capaci di osservare il cielo nella luce visibile e ultravioletta. Durante la sua ormai lunga missione ha ottenuto risultati eccezionali. Grazie a

Hubble è stato osservato il cielo a distanze prima irraggiungibili, è stata calcolata la distanza di molte galassie remote, necessaria per determinare la velocità di espansione dell'Universo, sono state comprese meglio le fasi di nascita e morte delle stelle, sono stati osservati i gamma ray burst e le quasar, e si sono esplorati i pianeti del Sistema Solare quasi come se ci si fosse andati di persona.

Gas e polveri della nebulosa Aquila (M 16): l'immagine è il risultato dell'unione di tre immagini raccolte dal telescopio spaziale Hubble.

I risultati scientifici ottenuti sono scritti in più di 10 000 pubblicazioni. Hubble è ancora operativo, ma nel 2021 è stato lanciato il James Webb Space Telescope (JWST), il telescopio più potente mai costruito, che osserva l'Universo nella luce infrarossa.

## Raggi X: Chandra

È un telescopio che osserva i raggi X provenienti dalle regioni a più elevata energia dell'Universo, come i resti di stelle esplose. Lanciato nel 1999, è capace di vedere fino a distanze di miliardi di anni luce. Raccoglie la luce con uno specchio levigatissimo,

il più liscio mai costruito finora, e le immagini ottenute con Chandra sono venticinque volte più nitide di quelle ottenute dai precedenti telescopi a raggi X.
La sua precisione è pari a quella che si avrebbe se fossimo capaci di leggere un quotidiano alla distanza di 2 chilometri. Stelle di neutroni, resti di supernove, stelle binarie, buchi neri massicci, galassie attive ma anche oggetti normali come il Sole e i pianeti, stelle e ammassi... sono gli obiettivi del suo occhio a raggi X, che ci rivela interessanti dettagli invisibili alle altre lunghezze d'onda. Nel 2006 Chandra ha scoperto le prime prove dirette dell'esistenza della materia oscura.

## TEORIE

Ha cent'anni la scoperta (1923) che l'Universo ha dimensioni immense e che è formato da miliardi di galassie, raggruppate in ammassi lontanissimi gli uni dagli altri: è così che l'umanità scopre di essere un infinitesimo in un enorme cosmo.
Pochi anni dopo, un'altra rivelazione sconvolgente: l'Universo si espande a velocità vertiginosa, e questa espansione non ha un centro, tutte le galassie si allontanano una dall'altra. È la teoria del Big Bang, che pur sembrando incredibile è tuttora la più accreditata spiegazione dell'origine dell'Universo.

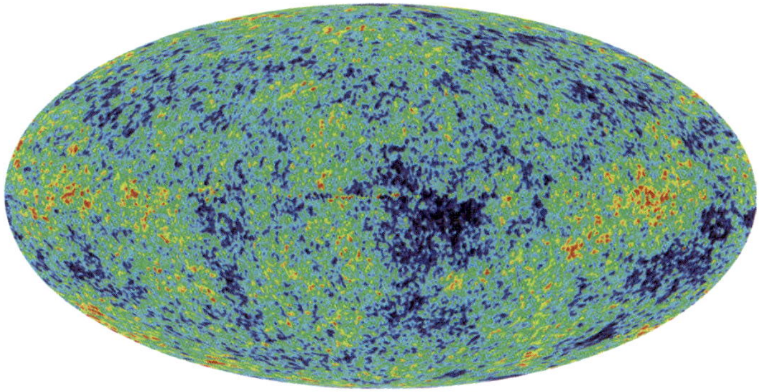

La prima dettagliata immagine “a tutto cielo” dell’Universo appena nato.
La fotografia del WMAP rivela variazioni di temperatura che sono evidenziate con diversi colori e corrispondono ai “semi” che, crescendo, hanno formato le galassie.

## Big Bang

Secondo la teoria del Big Bang, in origine tutta la materia era concentrata in una porzione piccolissima di spazio, con energia, densità e temperatura infinite. Gli scienziati oggi non sanno ancora descrivere lo stato di questa materia primordiale. Sanno però che a un certo punto questa materia è esplosa in modo violentissimo e ha cominciato a espandersi. Durante l’espansione si è gradualmente raffreddata, ha rallentato la velocità e si è aggregata in strutture, dalle quali hanno poi avuto origine gli oggetti che oggi popolano l’Universo: galassie, stelle, pianeti, nubi di gas...
La traccia di questa potente esplosione è arrivata fino a noi: con strumenti che registrano le microonde è possibile ascoltare l’eco lasciata dal Big Bang.

Corrisponde a un "rumore di fondo" che è stato captato per la prima volta, per puro caso, nel 1964 da due tecnici che lavoravano alle antenne radio dei laboratori Bell negli Stati Uniti.
Il termine Big Bang vuol dire "grande botto", ed era stato coniato da uno degli oppositori alla teoria per esprimere il suo disprezzo per un'idea che – secondo molti – era assurda. Il termine è poi entrato nell'uso comune e ha perso il suo carattere canzonatorio.
Il satellite WMAP ha condotto nei primi anni Duemila un grande esperimento internazionale per misurare con esattezza il rumore di fondo lasciato dal Big Bang e rivelare le sue disomogeneità: sono questi, infatti, i grumi o semi attorno ai quali si sarebbero formate tutte le strutture dell'Universo. Se questa esplosione iniziale fosse stata completamente omogenea, con velocità di espansione e densità di materia uguali in tutte le direzioni, l'Universo adesso rispecchierebbe questa uniformità: non ci sarebbero né stelle né galassie né nessun altro oggetto. È dalla diversità e dalla disuniformità che nascono le cose.

## Materia oscura

Appena sembra di cominciare a capire qualcosa di come è fatto l'Universo e di come funziona, ecco che gli scienziati si imbattono in un altro mistero. Secondo le più recenti e affidabili osservazioni, si è scoperto che tutta la materia visibile, quella di cui siamo fatti noi e gli oggetti che conosciamo, sommata corrisponde a una piccolissima parte di tutta la materia che esiste nell'Universo: circa il 4,5%. E il restante 95,5%, cioè la quasi totalità dell'Universo, che cosa è? Sembra che circa il 23% sia una forma di materia ancora sconosciuta, che non emette luce di nessun tipo e risulta, quindi, invisibile. Per questo si chiama materia oscura. Potrebbe essere fatta di oggetti poco luminosi, che non si riescono a vedere con gli strumenti attuali, come per esempio stelle di neutroni o buchi neri, chiamati collettivamente Massive Compact Halo Object (MACHO), oppure particelle che non interagiscono con la luce e rimangono invisibili, chiamate WIMPs (Weakly Interacting Massive Particles)... o forse entrambe le possibilità sono vere e concorrono a formare questa porzione di materia. Il restante 72% è ancora più misterioso, e gli scienziati lo attribuiscono a una energia oscura, di cui si sa ancora meno e che è attualmente oggetto di studio in diversi gruppi di ricerca in tutto il mondo. Molti degli esperimenti in corso per cercare di trovare la materia oscura si svolgono sottoterra, perché i molti metri di roccia sopra i laboratori formano una barriera che protegge gli strumenti di rilevazione dalla maggior parte delle particelle conosciute. Si ritiene infatti che le uniche particelle in grado di attraversare la roccia sono quelle che formano la materia oscura. In Italia, nei laboratori costruiti sotto il Gran Sasso, si studia una classe di particelle che potrebbe far parte della materia oscura.

**Magherita Hack conclude la storia della sua vita con questa frase: "Nel 1997 sono andata in pensione e da allora, come molti altri pensionati, non ho più un minuto libero!". Ci dispiace un po' rubarle del tempo per un'intervista, ma vorremmo proprio sapere come continua la sua storia e che cosa la tiene così occupata.**

Ho tanti impegni. Faccio ancora un po' di ricerca anche se ho meno facilità di muovermi, di girare per i vari osservatori; scrivo libri di divulgazione scientifica e viaggio tantissimo per tenere conferenze in tutta Italia, da nord a sud, nelle scuole, anche nei piccoli paesi.

**Allora è una pensionata per modo di dire. Lavora come astronoma, come scrittrice e si è pure trovata una terza carriera o sbaglio?**

Faccio l'attrice! (Margherita ride, e non si può far a meno di ridere insieme a lei.)

Sandra Cavallini, della Promo Music di Bologna, ha avuto l'idea di trarre uno spettacolo dal mio libro *Sette variazioni sul cielo*. In scena, lei, che è una vera attrice, recita pezzi delle *Cosmicomiche* di Italo Calvino e del *Diario di Adamo ed Eva* di Mark Twain. Poi ci sono musicisti che suonano dal vivo, video…

**E in scena c'è anche lei?**

Sì, recito anch'io! Faccio quattro piccole conferenze su argomenti di astrofisica. Parlo della conquista della Luna

e la paragono alla scoperta dell'America, per cercare di capire quale sia stata la più importante. Dico come si formano le stelle e che gli elementi di cui siamo fatti sono stati prodotti all'interno delle stelle nel corso di reazioni nucleari che accompagnano le ultime fasi della loro vita. In quel senso, noi siamo uno dei prodotti più complessi dell'evoluzione dell'Universo. Se questa non avesse portato alla formazione delle stelle e quindi alla formazione degli elementi, non ci saremmo nemmeno noi. E forse il nostro Universo non è tutto ciò che esiste, forse ce ne sono molti altri, con proprietà diverse. Un tempo si pensava che fossimo al centro di un Universo fatto su misura per noi. È la "concezione tolemaica", un'idea che risale a Tolomeo, un astronomo egiziano del II secolo dopo Cristo. Ma è dai tempi di Copernico, un astronomo polacco, vissuto tra il Quattrocento e il Cinquecento, che sappiamo di non essere al centro dell'Universo. Adesso abbiamo una "concezione copernicana" che ci permette di pensare che esistano altri universi: è la teoria chiamata del "multiverso". A seconda delle loro proprietà, in qualcuno di essi potrebbe esserci la vita.

**Le piace la fantascienza?**

Una volta ne leggevo parecchia, poi ho smesso perché la trovavo troppo ripetitiva.

**Allora posso farle una domanda a metà fra scienza e fantascienza?**
Sentiamo.

**Crede che possa esserci altra vita – e altre civiltà, addirittura – nel nostro Universo? Enrico Fermi diceva che se ci fossero extraterrestri capaci di creare strumenti di comunicazione o mezzi di trasporto spaziali, come noi, si sarebbero già manifestati.**
Enrico Fermi era un grandissimo scienziato, ma mica va preso per oro colato tutto quello che ha detto! Non c'è motivo di credere che la vita si sia evoluta soltanto sulla Terra. Nel 1995 si è misurata per la prima volta la presenza di un pianeta vicino alla stella numero 51 nella costellazione di Pegaso, a 45 anni luce da qui. Nei dieci anni successivi, si sono scoperti altri 160 pianeti in orbita attorno ad altri soli. Certo, sembrano quasi tutti dei giganti gassosi e inospitali come il nostro Giove, e si capisce: così grossi, è più facile scoprirli con gli strumenti di cui disponiamo. Nella Via Lattea ci sono dai tre ai quattrocento miliardi di stelle: come si fa a credere che neanche una di esse abbia attorno un pianeta simile al nostro, con abitanti suoi e una civiltà sua?

**A proposito di civiltà nostra e di come migliorarla, fra i suoi tanti impegni c'è ancora la militanza?**
Certo. Milito per la giustizia e la libertà per tutti, per gli umani e per gli animali. Sono un'animalista perché

gli animali sono i più deboli e i più maltrattati su questa Terra e qualcuno li deve difendere. Difendo anche i bambini, voglio che abbiano scuole decenti. Oggi si tagliano i fondi per l'istruzione, si tende a considerarla una cosa d'importanza secondaria. Quando il ministro Moratti voleva eliminare dall'insegnamento scolastico la teoria di Darwin sull'evoluzione, l'ho trovato inaccettabile, un ritorno al Medioevo. Una riforma forse ci vuole, ma più che leggi e riforme, secondo me conta la formazione dei docenti. Se ci sono insegnanti bravi che amano la propria materia, qualunque riforma si faccia, faranno una buona scuola. Non tutti hanno la preparazione adeguata, è vero. Però dalle elementari in su ne ho conosciuti tanti, entusiasti, che con grandi sacrifici personali fanno lavorare bene i bambini. Fanno fare loro delle esperienze e questo è fondamentale per creare una mentalità scientifica. Vicino a Pordenone c'è un centro aperto al pubblico

dove i bambini hanno costruito con le proprie mani veri e propri laboratori di ottica, acustica, elettricità, riciclando materiale povero, roba che si butta via.

**È cambiata la sua vita da quando è diventata famosa?**
No, no. Anche se è vero che da parecchi anni, da quando ho cominciato a partecipare a trasmissioni scientifiche in televisione, la gente mi riconosce per strada, mi abbraccia, mi chiede l'autografo. È strano, io non ho fatto niente di straordinario, eppure ho l'impressione che la gente mi voglia un gran bene. Mi fa piacere, ma mi domando perché.

**(Il perché non glielo diciamo, ma lo sappiamo: le vogliamo bene non solo per le cose che fa, ma anche per la donna che è.)**

# Indice


Cap. 1: Margherita ..... 7
Cap. 2: Le mie case ..... 13
Cap. 3: Libri, scuola e il primo amore ..... 19
Cap. 4: Sport e antifascismo ..... 28
Cap. 5: Verso le stelle ..... 36
Cap. 6: Aldo e gli animali ..... 46
Cap. 7: Il primo lavoro ..... 54
Cap. 8: In giro per il mondo ..... 64
Cap. 9: Da giramondo a direttore ..... 80
Cap. 10: Scienza, burocrazia… e teatro ..... 88

Approfondimenti ..... 104

Intervista di Sylvie Coyaud a Margherita Hack ..... 116

## *Le autrici:*

### MARGHERITA HACK

Fiorentina, dopo gli studi classici e le avventure sportive che la porteranno ad avere buoni successi nell'atletica, frequenta la facoltà di Fisica a Firenze. Scrivendo la tesi comincia a occuparsi della spettroscopia delle stelle, che continuerà a studiare, insieme alla radioastronomia, per tutta la vita. Divulgatrice scientifica di successo, pubblica lavori di ricerca, testi universitari e libri per il grande pubblico. Con Editoriale Scienza ha pubblicato anche *Perché le stelle non ci cadono in testa?* e *Stelle, Pianeti e Galassie*. Si è spenta a 91 anni il 29 giugno 2013.

### SIMONA CERRATO

Laureata in fisica, ha conseguito il master in comunicazione della scienza presso la Scuola Internazionale Superiore di Studi Avanzati, SISSA.Oggi lavora presso SISSA Medialab di Trieste, dove si occupa di comunicazione della scienza. Autrice di libri per ragazzi, per Editoriale Scienza ha scritto i volumi *Radioattività in famiglia. Storia e storie di Marie e Iréne Curie*, *Mini Darwin alle Gálapagos. L'evoluzione raccontata dai bambini* e *Mini Darwin. Un'avventura sui vulcani*. *L'universo di Margherita* ha vinto il Premio Andersen 2006 come miglior libro di divulgazione.

## *L'illustratrice:* GRAZIA NIDASIO

È stata tra le protagoniste del rinnovamento dell'illustrazione per bambini e ragazzi in Italia. Dal suo inchiostro hanno preso forma personaggi a fumetti, come Stefi e Valentina Mela Verde, amati e pubblicati in Italia e all'estero. È stata redattrice del *Corriere dei Piccoli*. Le sue sceneggiature di cartoni animati e sigle televisive per la Rai e Mediaset hanno ottenuto riconoscimenti nelle principali manifestazioni del settore. Per i suoi lavori nel campo dell'illustrazione editoriale ha ricevuto numerosi premi e riconoscimenti: per esempio, il Premio Andersen l'ha premiata come miglior autore nel 1987, e nel 2001 le ha assegnato una menzione speciale alla carriera. Si è spenta il 24 dicembre 2018.

# Nella stessa serie:

**MARIA DALLE DONNE:**
**TRE AMICHE E UNA RIVOLUZIONE**
di Grazia Gotti
*Illustrazioni di Ilaria Urbinati*

**ANNE INNIS DAGG:**
**L'AMICA DELLE GIRAFFE**
di Arianna Di Genova
*Illustrazioni di Daniela Tieni*

**SOFIA KOVALEVSKAJA:**
**LA TROTTOLA DI SOFIA**
di Vichi De Marchi
*Illustrazioni di Simona Mulazzani*

**SYLVIA EARLE:**
**LA SIGNORA DEGLI ABISSI**
di Chiara Carminati
*Illustrazioni di Mariachiara Di Giorgio*

**DIAN FOSSEY:**
**LA MIA VITA TRA I GORILLA**
di Vichi De Marchi
*Illustrazioni di Cinzia Ghigliano*

**LISE MEITNER:**
**LA FORZA NELL'ATOMO**
di Simona Cerrato
*Illustrazioni di Anna Curti*

**EVA MAMELI CALVINO:**
**FIORI IN FAMIGLIA**
di Elena Accati
*Illustrazioni di Daniela Iride Murgia*

**MARIA MONTESSORI:**
**AIUTIAMOLI A FARE DA SOLI**
di Teresa Porcella
*Illustrazioni di Marta Pantaleo*

**VANDANA SHIVA:**
**SULLE ORME DI GANDHI**
di Emanuela Nava
*Illustrazioni di Emanuela Bussolati*

**TEMPLE GRANDIN:**
**SIATE GENTILI CON LE MUCCHE**
di Beatrice Masini
*Illustrazioni di Vittoria Facchini*

**MARY ANNING:**
**LA CACCIATRICE DI FOSSILI**
di Annalisa Strada
*Illustrazioni di Daniela Tieni*

**ADA LOVELACE BYRON:**
**NUMERI E POESIA**
di Simona Poidomani
*Illustrazioni di Pia Valentinis*

**MARIE E IRÉNE CURIE:**
**RADIOATTIVITÀ IN FAMIGLIA**
di Simona Cerrato
*Illustrazioni di Grazia Nidasio*